WALTER SCHÖPSDAU

Wie der Glaube zum Tun kommt

Wege ethischer Argumentation im evangelisch-katholischen Dialog und in der Zusammenarbeit der Kirchen

V&R

VANDENHOECK & RUPRECHT
IN GÖTTINGEN

BENSHEIMER HEFTE
Herausgegeben vom Evangelischen Bund
Heft 102

Die Deutsche Bibliothek – CIP-Einheitsaufnahme

Ein Titeldatensatz für diese Publikation ist bei
Der Deutschen Bibliothek erhältlich.

 Printed in Germany.
Umschlaggestaltung: Reinhart Braun, Berlin
Herstellung: Ph. Reinheimer GmbH, Darmstadt
ISSN-Nr. 0522-9014
ISBN 3-525-87195-3

INHALT

ABKÜRZUNGEN

BSLK Die Bekenntnisschriften der evangelisch-lutherischen Kirche. Hg. im Gedenkjahr der Augsburgischen Konfession, Göttingen 1963[5]

CAn *Johannes Paul II.*, Enzyklika „Centesimus annus" zum hundertsten Jahrestag von „Rerum novarum", 1991

DBK Deutsche Bischofskonferenz (katholisch)

DH *Heinrich Denzinger/Peter Hünermann*, Kompendium der Glaubensbekenntnisse und kirchlichen Lehrentscheidungen, lat.-dt., Freiburg u. a. 1991[37]

DWÜ Dokumente wachsender Übereinstimmung. Sämtliche Berichte und Konsenstexte interkonfessioneller Gespräche auf Weltebene:
Bd. 1: 1931–1982, hg. von *Harding Meyer/Hans-Jörg Urban/Lukas Vischer*, Paderborn/Frankfurt a. M. 1983;
Bd. 2: 1982–1990, hg. von *Harding Meyer/Damaskinos Papandreou/Hans-Jörg Urban/Lukas Vischer*, Paderborn/Frankfurt a. M. 1992

EKD Evangelische Kirche in Deutschland

GER *Lutherischer Weltbund/Päpstlicher Rat zur Förderung der Einheit der Christen:* Gemeinsame Erklärung zur Rechtfertigungslehre (1999)

GS Zweites Vatikanisches Konzil: Pastoralkonstitution „Gaudium et spes" über die Kirche in der Welt von heute, 1965

HcE *Anselm Hertz/Wilhelm Korff/Trutz Rendtorff/Hermann Ringeling* (Hg.) Handbuch der christlichen Ethik. Aktualisierte Neuausgabe, 3 Bde., Freiburg-Basel-Wien 1993

HV *Paul VI.*, Enzyklika „Humanae vitae" über die rechte Ordnung der Weitergabe menschlichen Lebens, 25. Juli 1968 (Nachkonziliare Dokumentation 14), Trier 1968

KKK Katechismus der Katholischen Kirche, dt. Ausgabe, München 1993

STh *Thomas von Aquin*, Summa Theologica, Ausg. Marietti, Turin 1926/1927[18]
(I-II und II-II bezeichnen die Unterabteilungen des zweiten Teils der Summa Theologica, die beiden arabischen Zahlen die Quaestio und den Artikel; „obi." bezeichnet einen Einwand, „c" den Hauptteil [corpus] eines Artikels und „ad 1 etc." die Antworten auf die Einwände)

VS *Johannes Paul II.*, Enzyklika „Veritatis splendor" über einige grundlegende Fragen der kirchlichen Morallehre (1993)

EINLEITUNG

Als die katholische Deutsche Bischofskonferenz am 8. März 2001 eine „Erklärung zu Fragen von Gentechnik und Biomedizin" veröffentlichte[1] und der Ratsvorsitzende der EKD Präses *Manfred Kock* daraufhin erklärte, daß kein Blatt zwischen die Auffassung beider Kirchen passe, löste er eine intensive innerevangelische Debatte aus. Von namhaften evangelischen Ethikern wurde die sachliche Übereinstimmung bestritten[2] und darüber hinaus der Vorwurf einer „Katholisierung" evangelischer Ethik erhoben, sobald sie der Versuchung nachgebe, sich als verbindliche kirchenamtliche Lehre zu präsentieren, statt sich auf argumentative Beiträge zur Urteilsbildung des einzelnen Gewissens zu beschränken[3].

Daß die getrennten Kirchen in vielen ethischen Fragen gemeinsam sprechen können, ist ein ermutigendes ökumenisches Zeichen. Es kommt auch ihrem Wirken in der Öffentlichkeit zugute. Das darf jedoch nicht dazu führen, daß um eines gesellschaftspolitisch wünschbaren Konsenses willen theologische Differenzen eingeebnet und abweichende ethische Positionen kirchenoffiziell nicht in den gesellschaftlichen Diskurs eingebracht werden. Nach evangelischem Verständnis leisten die Kirchen der Gesellschaft auch dann einen Dienst, wenn sie in Ermangelung „einer einmütigen, gemeinsam getragenen Position" und bei unüberbrückbarem innerkirchlichem Dissens „die unterschiedlichen Argumentationslinien" nebeneinander darlegen und so „zu einer möglichst offenen

---

[1] KNA Dokumente 4/April 2001.

[2] Pluralismus als Markenzeichen, Frankfurter Allgemeine Zeitung, 23. Jan. 2002, 8; ohne Kürzungen dokumentiert in: *Reiner Anselm/ Ulrich H. J. Körtner* (Hg.), Streitfall Biomedizin. Urteilsfindung in christlicher Verantwortung, Göttingen 2003, 197-208. Kritisch dazu *Wolfgang W. Schoberth*, Pluralismus und die Freiheit evangelischer Ethik, in: *ders./Ingrid Schoberth* (Hg.), Kirche – Ethik – Öffentlichkeit, Münster 2002, 249-294.

[3] *Hartmut Kreß*, Embryonenschutz und Bioethik in der Kontroverse, MdKI 52, 2001 (63-69) 66; *ders.*, Gemeinsame Erklärungen der katholischen und evangelischen Kirche zur Ethik, ZEE 45, 2001, 121-134.

argumentativen Auseinandersetzung"[4] in Kirche und Gesellschaft beitragen.

Der Vorgang zeigt, daß die These „Lehre trennt, Dienst eint" die Probleme unzulässig vereinfacht. Die großen ethischen Herausforderungen der Gegenwart mögen auf die Kirchen einen Zwang zu gemeinsamem Auftreten ausüben. Aber wenn die Kirchen nach Antworten auf die neuen Fragen suchen, tun sie es auf der Basis ihrer jeweiligen theologischen Tradition. Der von 1998 bis 2002 auf Anordnung des Papstes erfolgte Ausstieg der katholischen Diözesen aus der bis dahin von den beiden großen Kirchen in Deutschland mitgetragenen Schwangerschaftskonfliktberatung ist ein Beispiel dafür, daß Kirchen trotz Gemeinsamkeit der Anliegen dennoch aufgrund unterschiedlicher Prämissen in der Praxis getrennte Wege gehen können.

Diese theologischen Voraussetzungen bewußt zu machen und zugleich die ökumenischen Lernprozesse nachzuzeichnen, ist das Anliegen der folgenden Darstellung. Sie beginnt in Teil I mit einer Erinnerung an (1) die theologischen Voraussetzungen katholischer Moraltheologie und evangelischer Ethik und (2) einer gedrängten Skizze der katholischen Entwicklung bis zum Zweiten Vatikanischen Konzil. Ein Exkurs (3) ist der Frage nach dem Verhältnis von Moraltheologie und Soziallehre, Individual- und Sozialethik gewidmet. In der weiteren Entwicklung kam es (4) zu mannigfachen Berührungen zwischen katholischer und evangelischer Ethik, aber auch zu Abgrenzungen des kirchlichen Lehramtes gegenüber bestimmten Positionen. Teil II stellt Beispiele aus der Kooperation der Kirchen im Bereich der Ethik vor, die sowohl Chancen als auch Schwierigkeiten einer gemeinsamen Ethik dokumentieren. Diese sollen im abschließenden Teil III noch einmal an typischen Themenfeldern aufgezeigt werden.

---

[4] Im Geist der Liebe mit dem Leben umgehen. Argumentationshilfe für aktuelle medizin- und bioethische Fragen. Ein Beitrag der Kammer für Öffentliche Verantwortung der EKD (1. Aug. 2002), EKD-Texte 71, 3.

I. GLAUBEN UND HANDELN IN EVANGELISCHER UND KATHOLISCHER ETHIK

Das Thema der Ethik ist für den christlichen Glauben zentral, weil die biblische Botschaft zu einem neuen Leben aus dem Vertrauen auf die zuvorkommende Nähe Gottes aufruft. Primärquelle der Ethik ist für alle Kirchen die *Heilige Schrift.* Weitere Quellen sind die menschliche *Vernunft* und die christliche *Tradition.* Auf katholischer Seite tritt als normierende Instanz das kirchliche Lehramt hinzu.

1. Rechtfertigung und Ethik

Die theologischen Voraussetzungen der Ethik lassen sich mit der Gemeinsamen Erklärung des Päpstlichen Einheitsrates und des Lutherischen Weltbundes zur Rechtfertigungslehre (GER) folgendermaßen zusammenfassen:

„Wir bekennen gemeinsam, daß der Mensch im Glauben an das Evangelium ‚unabhängig von Werken des Gesetzes' (Röm 3,28) gerechtfertigt wird. Christus hat das Gesetz erfüllt und es durch seinen Tod und seine Auferstehung als Weg zum Heil überwunden. Wir bekennen zugleich, daß die Gebote Gottes für den Gerechtfertigten in Geltung bleiben und daß Christus in seinem Wort und Leben den Willen Gottes, der auch für den Gerechtfertigten Richtschnur seines Handelns ist, zum Ausdruck bringt" (GER 31).

Innerhalb dieses Rahmens werden aber die Akzente unterschiedlich gesetzt. Luthers Traktat „Von den guten Werken" (1520) entwickelt die Ethik aus der Rechtfertigungslehre. Kennzeichnend für den reformatorischen Ansatz ist eine „Befreiung des Ethischen von soteriologischer Überforderung" (*Gerhard Ebeling*), sofern das Heil nicht Ziel, sondern Voraussetzung menschlichen Handelns ist[5]. Gut ist nicht das, was das

---

[5] *Gerhard Ebeling*, Zum Verhältnis von Dogmatik und Ethik, ZEE 26, 1982 (10-18) 15. Nach der Konkordienformel sind „die guten Werke nicht nur, wo es um die Rechtfertigung aus Glauben geht, sondern auch, wo nach unserem ewigen Heil gefragt wird, gänzlich auszuschließen" (Epit. IV, BSLK 787).

Handeln bewirkt und erreicht, sondern wodurch der Mensch sich beim Handeln bestimmt weiß. Gut sind die Werke, die in der Selbstvergessenheit des Glaubens dem Nächsten zugewendet werden. In dieser Begründung liegt zugleich eine theologisch bedeutsame Begrenzung von Moral, die als eine „Ethik der Ethik"[6] bezeichnet werden könnte. „So sind wir in unserem ethischen Handeln nicht mehr uns selber Gegenstand, und vor allem ist der Nächste, der andere Mensch nimmermehr Gegenstand eines auf die eigene Selbstverwirklichung gerichteten Handelns; unser Handeln – und das Urteil darüber – wird also der Reflexivität auf uns selbst enthoben, es wird offen für die Liebe"[7].

Die lutherische Theologie artikuliert diesen Sachverhalt mittels einer heilsgeschichtlichen Antithetik von Gesetz und Evangelium, welche die Forderungs- und Anklagefunktion des Gesetzes und den Zuspruchscharakter des Evangeliums herausstellt. Für die reformierte Tradition sind Gesetz und Evangelium Erscheinungsformen des einen Bundes Gottes, sodaß das Gesetz selbst als eine Form des Evangeliums (*Karl Barth*) verstanden werden kann und als Richtschnur des neuen Lebens im Bund positive Bedeutung behält. Erscheint in dieser Hinsicht „Calvins Lehre von der Heiligung als eine direkte Parallele zur römisch-katholischen Lehrweise"[8], so sind doch auch hier die Werke aus dem soteriologischen Zusammenhang herausgenommen: Der Fortschritt in der Heiligung betrifft nicht das Heil selbst, das vorbehaltlos allein durch die Gnade empfangen wird, indem der Glaube der Verheißung antwortet. Aber in der Zeit arbeitet der Geist kontinuierlich an Gewissen und Willen des Menschen, um ihn mehr und mehr nach dem Bilde Gottes zu gestalten[9].

---

[6] *Hans G. Ulrich*, Eschatologie und Ethik (BEvTh 104), München 1988, 173. 226. 261.

[7] *Gerhard Sauter*, Was heißt „christologische Begründung" christlichen Handelns heute? [1975], in: *Hans G. Ulrich* (Hg.), Evangelische Ethik (ThB 83), München 1990 (98-112) 102. 104.

[8] *Ulrich H. J. Körtner*, Reformiert und ökumenisch, Innsbruck-Wien 1998, 31.

[9] *Eric Fuchs*, La morale selon Calvin, Paris 1986, 109. 114.

Die unterschiedliche Zuordnung von Gesetz und Evangelium bei Luther und Calvin prägt sich in zwei gegensätzlichen Typen evangelischer Ethik aus. Luther entwickelte die Lehre von den beiden Regierweisen (‚Regimenten') Gottes, später auch „Zwei-Reiche-Lehre" genannt: In beiden Reichen führt Gott sein Regiment, im geistlichen Reich Christi zum Heil der Menschen, im Reich der Welt zur Erhaltung der Welt und zum Zusammenleben der Menschen trotz der Sünde. Zwar strahlt die Befreiung durch das Evangelium in den weltlichen Bereich hinein, die *Zwei-Reiche-Lehre* leitet aber dazu an, mit dem Evangelium nicht die Welt regieren zu wollen und weltliche Ordnungen und Überzeugungen nicht zu Heilsfragen aufzuladen. Für die Orientierung des menschlichen Handelns genügt die natürliche sittliche Einsicht der Vernunft. Das Proprium einer Ethik dieses Typs liegt in der Motivation des Glaubens zur Liebe. Ihre konkreten materialethischen Urteile trifft sie durch Abwägung von Gütern und Folgen am Maßstab des Menschen- und Sachgemäßen.

Für Calvin behält das Gesetz Gottes auch für die Wiedergeborenen seine Bedeutung als Richtschnur christlichen Verhaltens in der Welt. Es hilft Christen, alle Bereiche des Lebens der Herrschaft Christi gemäß zu gestalten. Auf dem Boden dieser Auffassung von der *Königsherrschaft Christi* wirkt der Glaube nicht nur motivierend, sondern gibt dem Handeln auch inhaltliche Ausrichtung. Christliche Ethik ist eine Gestalt des Christusbekenntnisses und kann daher materialethisch nicht einfach Problemdefinitionen einer allgemeinen Ethik übernehmen.

Der ‚schöpfungstheologische' Typ und der ‚christologische' Typ lassen sich nicht ohne weiteres ineinander überführen, sondern allenfalls mit ihren jeweiligen Stärken und Schwächen aufeinander beziehen[10]. Die Differenz setzt sich fort in dem Nebeneinander eines dialogorientierten und eines kerygmatischen Verständnisses des kirchlichen Öffentlichkeitsauftrags;

---

[10] Für den Bereich der politischen Ethik ist dies versucht bei *Joachim Rogge/Helmut Zeddies* (Hg.), Kirchengemeinschaft und politische Ethik. Ergebnis eines theologischen Gespräches zum Verhältnis von Zwei-Reiche-Lehre und Lehre von der Königsherrschaft Christi, Berlin (Ost), 1980; vgl. auch *Wilfried Joest*, Der Friede Gottes und der Friede auf Erden, Neukirchen-Vluyn 1990, 60-82.

im ersten Fall ist das Wirken der Kirche ein Akt der Diakonie, im zweiten ein Teil ihres Verkündigungsauftrags[11]. In der Praxis schließt die fundamentalethische Differenz Konsens in Einzelfragen jedoch nicht aus, wie sich umgekehrt aus gleichen Prämissen divergierende Einzelurteile ergeben können[12]. Der eigentliche Unterschied zeigt sich, wenn die christologische Ethik für materiale Einzelentscheidungen – wie 1982 in der Debatte um die Sicherung des Friedens – unmittelbar die Autorität des Evangeliums in Anspruch nimmt und damit den Bekenntnisfall („status confessionis") erklärt. Mit der lutherischen Rechtfertigungslehre ist diese Theologisierung von Sachfragen nicht vereinbar.

Während der reformatorische Ansatz die Ethik aus dem Kontext der Rechtfertigungslehre entfaltet, bringt die katholische Tradition, wie sie durch den Katechismus der Katholischen Kirche von 1993 repräsentiert wird, die Rechtfertigungslehre innerhalb der Ethik, verstanden als Lehre von der übernatürlichen Vollendung des sittlichen Strebens, zur Sprache. Sie thematisiert das Heil seit Thomas von Aquin mit den beiden Begriffen „das Gesetz und die Gnade" (KKK 1949), deren Verhältnis zueinander nicht antithetisch, sondern analog innerhalb eines Stufenschemas zu denken ist. So kann das Evangelium als neues Gesetz (1965)[13] bezeichnet werden oder als Gesetz der Liebe, der Gnade und der Freiheit (1972). Denn es bringt die Intention des natürlichen wie des geoffenbarten alttestamentlichen Gesetzes zur Erfüllung; es lehrt durch die Bergpredigt, was wir zu tun haben, und gibt durch die Sakramente die Gnade, es zu tun (1966). Darum kann das Konzil von Trient sagen, daß Christus nicht nur Erlöser, sondern auch Gesetzgeber ist (DH 1571), freilich nicht wie Mose (GER 33),

---

[11] Vgl. die Argumentation in der EKD-Denkschrift „Aufgaben und Grenzen kirchlicher Äußerungen zu gesellschaftlichen Fragen", Gütersloh 1970, Nr. 4. 8. 11 mit 6. 5. In Nr. 12 stehen „Verkündigungs- und Sendungsauftrag" und „vernünftige Argumentation" nebeneinander.

[12] Die mehr als tausend kirchliche Stellungnahmen berücksichtigende Untersuchung von *Mark Ellingsen*, The Cutting Edge, Geneva/Grand Rapids 1993, weist dies auch im Blick auf die evangelisch-katholischen Lehrunterschiede nach.

[13] Eine zentrale Bezugsstelle ist Thomas von Aquin, STh I-II 106, 1 obi. 1.

weil er selbst das Gesetz in vollkommener Selbsthingabe lebt: „Er selbst wird in seinem Geist zum lebendigen und persönlichen Gesetz, das zu seiner Nachfolge einlädt, das die Gnade gewährt, sein Leben und seine Liebe zu teilen, und die Kraft bietet, in Entscheidungen und Taten von ihm Zeugnis zu geben“ (VS 15).

Der Weltkatechismus läßt allerdings die nötige Differenzierung im Gebrauch des Gesetzesbegriffs vermissen:

> „Die verschiedenen Ausdrucksformen des moralischen Gesetzes sind alle aufeinander abgestimmt: das ewige Gesetz, der göttliche Ursprung aller Gesetze; das natürliche Sittengesetz; das geoffenbarte Gesetz, das aus dem alten Gesetz und dem neuen Gesetz des Evangeliums besteht; schließlich die staatlichen und kirchlichen Gesetze“ (KKK 1952).

Ein undifferenzierter Gebrauch des Gesetzesbegriffs hat in der Vergangenheit den Legalismus zu einer Gefahr der katholischen Moraltheologie werden lassen. Wird der Gesetzesbegriff jedoch – wie schon bei Paulus (Röm 8, 2) und bei Thomas – analog verwendet, dann erhellen sich für katholische Moraltheologie das natürliche Gesetz und das Gesetz Christi gegenseitig: Die Erkenntnis des natürlichen Gesetzes und des auf Erfüllung in der Liebe angelegten menschlichen Strebens ist Vorauserkenntnis und Vorentwurf des Gesetzes Christi, das im Glauben entschlüsselt wird. Andererseits vermittelt sich die Offenbarung am Material der Schöpfung, indem die in der Menschennatur vorgegebenen Grundvorstellungen des Rechten und Guten auf die Erlösung hin interpretiert werden. *Bernhard Häring*, der sich große Verdienste um die Erneuerung der Moraltheologie erworben hat, konnte deshalb seinem Entwurf einer Ethik aus dem befreienden Anruf des Evangeliums in erster Auflage den Titel „Das Gesetz Christi“[14] geben.

Nach römisch-katholischer Lehre ist die Rechtfertigung nicht nur Sündenvergebung, sondern Heiligung und Erneuerung des inneren Menschen (DH 1528) und „begründet ein Zusammenwirken zwischen der Gnade Gottes und der Freiheit des Menschen“ (KKK 1993). Die Gnade ermöglicht die Erfüllung des Gesetzes, die Übernatur aktiviert und vervoll-

---

[14] *Bernhard Häring*, Das Gesetz Christi [1954], 8., neubearb. Aufl. in 3 Bdn., München-Freiburg 1967.

kommnet die Natur. In dieser Koordination des natürlichen Vermögens mit dem übernatürlichen Beistand gründet die Möglichkeit einer Differenzierung zwischen allgemeingültigem Naturrecht und spezifisch christlichem Ethos wie auch der Verdienstlichkeit der Werke, „weil Gott in Freiheit verfügt hat, den Menschen mit seiner Gnade wirken zu lassen" (2008). Denn „die Gnade vereint uns in tätiger Liebe mit Christus und gewährleistet so den übernatürlichen Charakter unserer Taten und folglich ihr[15] Verdienst vor Gott und den Menschen" (2011). Doch will die Rede von der Verdienstlichkeit nach Auskunft der GER (die das Wort deshalb in Anführungszeichen gebraucht) nur die Verantwortlichkeit des Menschen herausstellen, aber nicht den Geschenkcharakter der guten Werke bestreiten (GER 38).

Die Spannung zwischen einem christozentrisch-worthaften Ansatz bei Gottes Gnadenzuspruch und einem kreatürlich-ontologischen Ansatz bei der menschlichen Freiheitsdynamik tritt auch innerhalb der Konfessionen auf, evangelischerseits etwa im Gegenüber von betont reformatorischer Wort-Gottes-Theologie und neuprotestantischen Konzeptionen, die das Gottesverständnis im Horizont des Selbstverständnisses des Subjekts und seiner Freiheit thematisieren. Traditionell vermochte die katholische Moraltheologie aufgrund des gnadenpädagogischen Ansatzes der Rechtfertigungslehre – „die Gnade entspricht den tiefsten Erwartungen der menschlichen Freiheit; sie ruft diese auf, mit ihr mitzuwirken, und vervollkommnet sie" (KKK 2022) – ungebrochener an Traditionen einer natürlichen Strebensethik anzuknüpfen[16], wie sie klassisch in der Lehre des Aristoteles von der Glückseligkeit (*eudaimonia*) als Ziel des guten Lebens vorliegt. Wird der strebensethische Ansatz in ‚transzendentaltheologischer' Reflexion (s. u.) zum Vorgriff der Existenz auf unbedingte Erfüllung radikalisiert (*Joseph Maréchal* und *Karl Rahner*), dann läßt sich daraus ein Konzept ‚theonomer Autonomie' gewinnen (*Franz Böckle*), mit dem die neuzeitliche Wende zum Subjekt theologisch positiv rezipiert werden kann. Subjekttheoretische Letzt-

---

[15] Das sprachlich falsche „ihren" wurde korrigiert.

[16] *Christof Mandry*, Theologie und Ethik (katholisch), in: *Marcus Düwell* u. a. (Hg.), Handbuch der Ethik, Stuttgart-Weimar 2002 (504-508) 506.

begründungen sind darum kennzeichnend für einen Hauptstrang heutiger katholischer Fundamentaltheologie[17]. In neuerer Zeit bedenkt auch evangelische Ethik verstärkt Fragen des Glücks und des guten Lebens, nachdem in der Philosophie schon länger die Abkehr von einer Sollensethik kantischer Prägung zu einer Neubewertung der antiken Philosophie mit ihrem Ideal der Eudämonie erfolgt ist[18].

Ansätze zu einem Konzept theonomer Autonomie finden katholische Moraltheologen schon in der Lehre des Thomas von Aquin (1225-1274), wonach der tätige Geist auf das absolute Sein ausgerichtet ist. Mit Thomas beginnt die große Tradition katholischer Moraltheologie, auf die im Folgenden insoweit einzugehen ist, als in ihr zum einen das Instrumentarium praxisbezogener moraltheologischer Reflexion entwickelt wurde, das katholischerseits bis heute von Bedeutung ist, und zum anderen Grundfragen nach dem Verhältnis von Ethik und Dogmatik, Natur und Gnade, Vernunft und Glaube, Schöpfung und Heilsoffenbarung in den Vordergrund drängen, welche auch die katholische und evangelische Ethik der Gegenwart in Atem halten. Der knappe historische Überblick endet mit dem Zweiten Vatikanischen Konzil, das die Grundfragen für die katholische Moraltheologie in einem heilsgeschichtlich-christozentrischen Ansatz zur Klärung bringt (I. 2). Daneben hat sich in beiden Konfessionen ein Bewußtsein für die Besonderheit struktureller Probleme entwickelt, die zu einer Differenzierung zwischen individualethischen und sozialethischen Fragestellungen nötigt, aus der katholischerseits eine amtliche Sozialethik erwachsen ist, die seit dem Konzil eine charakteristische Wendung genommen hat (I. 3). Durch nachkonziliare römische Lehrentscheidungen im individualethischen Bereich (Sexualethik) ist die Verhältnisbestimmung

---

[17] *Hansjürgen Verweyen*, Gottes letztes Wort [1991], Regensburg, 3. neubearb. Aufl. 2000; *Thomas Pröpper*, Erlösungsglaube und Freiheitsgeschichte, München, 1993[3]; *Michael Bongardt*, Der Widerstand der Freiheit, Frankfurt a. M. 1995; *Klaus Müller*, Subjekt-Profile. Philosophische Einsprüche in eine theologisch überfällige Debatte. ThG 40, 1997, 172-180.

[18] *Jörg Lauster*, Die Rückkehr des Glücks. Die philosophische Wiederentdeckung des guten Lebens als Herausforderung für die theologische Ethik. ZEE 47, 2003, 248-263.

zwischen dem ‚Humanum‘ und dem ‚Christianum‘ erneut Gegenstand fundamentalethischer Auseinandersetzungen auf katholischer Seite geworden. Da sie selbstverständlich eine Grundfrage auch der evangelischen Ethik bildet, soll ein systematischer Vergleich der heute maßgeblichen Konzepte an diesem Leitfaden erfolgen (I. 4).

2. Gebotsmoral oder schöpferische Christusnachfolge?

Bei Thomas ist die aristotelische Strebensethik einem theologischen Gesamtkonzept integriert, das davon handelt, daß „alle Geschöpfe unter Gottes weisheitsvoller Lenkung von ihm ausgehen und zu ihm als Ziel zurückkehren, und zwar dadurch, daß sie in gestufter Form zum vollendeten Abbild jener Güte Gottes werden, die der alleinige Grund ihrer Erschaffung war“[19]. ‚Ethik‘ und ‚Dogmatik‘ sind darin noch nicht getrennt. Thema der Ethik ist die vernunftgeleitete Hinbewegung des Geschöpfs zu Gott, die sich im moralischen Streben ausdrückt. Denn im Unterschied zu den übrigen Geschöpfen hat der Mensch als Ebenbild Gottes an der göttlichen Weltordnungsvernunft des „ewigen Gesetzes“ durch sittlich-vernünftige Erkenntnis Anteil. Er ist „aus seiner Freiheit Prinzip seiner Werke“ und muß sein Handeln verantworten[20]. Dadurch unterscheidet sich der zurechenbare „actus humanus“, der vom Menschen mit Einsicht und freiem Willen gesetzt wird, vom „actus hominis“, der gezwungen, unbewußt oder reflexhaft, also bloß physisch, aber nicht moralisch vom Menschen vollzogen wird[21]. Auf dem Weg zum Guten kommt Gott dem Menschen in doppelter Weise entgegen: „Der äußere Seinsgrund (*principium*), der zum Guten hinbewegt, ist Gott. Er unterweist uns durch das Gesetz und hilft uns durch die Gnade“[22].

Als der spätmittelalterliche Nominalismus im Gottesbegriff das Moment des Willens und der absoluten Souveränität be-

---

[19] *Otto Hermann Pesch*, Thomas von Aquin, Mainz 1988, 47.
[20] STh prol. I-II.
[21] STh I-II 1,3.
[22] STh I-II 90 prooem.

tont, weicht der thomanische Gedanke der Teilhabe der Vernunft an der göttlichen Weisheit einer auf Autorität gegründeten Gebotsmoral. Das Konzil von Trient (1545–1563) vermag die thomanische Synthese von Dogmatik und Ethik nicht wiederzugewinnen. In der Folgezeit fiel die „Unterweisung durch das Gesetz" an die sich verselbständigende *Moraltheologie*, die „Hilfe durch die Gnade" an die *Dogmatik*. Die Moraltheologie ist allerdings nur für die Gebote und die Sünden zuständig; Tugend und Vollkommenheitsstreben fallen noch einmal an eine andere Disziplin, die spirituelle Theologie oder *Aszetik*.

Die Verselbständigung der Moraltheologie hängt mit der Erneuerung des Bußsakraments zusammen. Schon immer hatten ethische Fragen im Umkreis der Beichte ihren Ort. Ihre Behandlung in den „Bußbüchern", die im 6. Jahrhundert zuerst in Irland, dann auch in Deutschland und Frankreich entstanden, erfolgte jedoch mehr technisch für den Bedarf der Priester, die für die Bemessung der Bußen auf Taxierungen der Sünden nach ihrer Schwere angewiesen waren. Das Konzil von Trient hat das von der Reformation angegriffene Bußsakrament theologisch präzisiert, die Gläubigen zur Beichte aller einzelnen Todsünden nach Zahl, Art und Umständen (DH 1707) verpflichtet und der seelsorgerlichen Ausbildung der Beichtväter neue Aufmerksamkeit geschenkt. Das machte eine vertiefte moraltheologische Reflexion notwendig.

Die Arbeitsteilung zwischen Beichtstuhlmoral und theologischer Grundlegung spiegelt sich in der Studienordnung des mit Seelsorge und Jugendunterweisung beauftragten Jesuitenordens, der zwei Ausbildungskurse vorsah, den vollen theologischen Kurs für den akademischen Nachwuchs (*cursus maior*) und den Kurzlehrgang zur Ausbildung der Beichtväter (*cursus minor*). Vor den Beichtvätern wurden die praktischen „Gewissensfälle" behandelt; die wissenschaftlich-theologische Bearbeitung der zu ihrer Lösung erforderlichen Grundsatzfragen erfolgte im *cursus maior*, wo die Dogmatiker bei der Kommentierung des Thomas auch die Prinzipien der Ethik zu traktieren hatten. Der für die Gewissensfälle des *cursus minor* bestimmte Lehrstuhl im *cursus maior* erhielt mit der zweiten Studienordnung der Jesuiten von 1591 erstmals die Bezeichnung „Moraltheologie", die 1634 durch die „Epitome theologiae moralis" des Irenikers *Georg Calixt* auch in die evangelische Welt eingeführt werden sollte. In der ersten großen „Summa theologiae moralis" (1596) des Portugiesen *Henrique Henriquez* erscheinen spekulative und praktische Theologie als die beiden Teile der Wissenschaft von Gott. Gegenüber der Dogmatik hat die Moraltheologie die Rückkehr des Menschen zu Gott zum Gegenstand und zeigt die Ursachen und Mittel zur Erlangung des letzten Ziels auf.

Doch wurde zu Beginn des 17. Jahrhunderts unter „theologia moralis" faktisch nur die Beichtstuhlmoral verstanden[23]. Sie unterliegt einer zunehmenden Enttheologisierung, entwickelt eine virtuose Kasuistik zur genauen Beurteilung der Sündhaftigkeit von Handlungen und gewinnt dadurch juridisch-legalistische Züge. Doch erschöpft sich das praktisch-seelsorgerliche Schrifttum zu keiner Zeit in den kasuistischen Moralhandbüchern. Großer Beliebtheit erfreuen sich die Hervorbringungen der spirituellen, aszetischen Theologie, die das vollkommene Leben in der Nachfolge Christi in seinem stufenweisen Wachstum darstellen und bis in den pietistischen Protestantismus hinein gewirkt haben.

Kasuistik dient der Aufgabe, im ethischen Urteil „*Norm* (eine allgemeine Regel) und *Situation* (den konkreten Fall und sein Umfeld) in einen einsichtigen Zusammenhang zu bringen"[24]. Für eine Gebotsmoral stellt sich zwangsläufig die Frage nach Regeln für die Wahrnehmung von Ermessensspielräumen. Der Streit um diese sog. Moralsysteme zur Lösung von Gewissenszweifeln hielt die katholische Theologie des 17. und 18. Jahrhunderts in Atem und lieferte auch der antikatholischen Polemik im Protestantismus willkommene Angriffsflächen.

Wenn Zweifel bestehen, ob eine Norm im konkreten Fall verpflichtet, empfiehlt der *Probabilismus*, derjenigen Meinung zu folgen, die für die Freiheit spricht, wenn sie nur sicher gut begründet („wahrscheinlich") ist, selbst wenn die entgegengesetzte Meinung wahrscheinlicher ist, vorausgesetzt es steht nicht ein unbedingt zu erreichender Zweck in Frage (sog. klassischer Probabilismus). Da diese Form des Probabilismus in die Nähe des *Laxismus* führt, trat ihm der *Probabiliorismus* entgegen, der eine rela-

---

[23] *Wolfgang Thönissen*, Das Geschenk der Freiheit (TTS 30), Mainz 1988, 42.

[24] *Christofer Frey*, Theologische Ethik, Neukirchen-Vluyn 1990, 230.

tiv stärkere Wahrscheinlichkeit für die Ermessensfreiheit fordert. Noch strenger ist die Position des *Tutiorismus*, die verlangt, daß man im Zweifelsfall immer den sichersten Weg, eben den Gehorsam gegen das Gebot, wähle und sich nur bei absoluter oder äußerst starker Gewißheit des Gegenteils davon dispensiert fühlen dürfe. Das Lehramt hat die Extrempositionen des Laxismus (DH 2021-2065. 2101-2167) und des absoluten Tutiorismus der Jansenisten (DH 2301-2332) verurteilt. Es gestattete die Lehre des Probabiliorismus, ohne den klassischen Probabilismus förmlich zu verurteilen (DH 2175. 2176). Ein gemäßigter Probabilismus ist der *Äquiprobabilismus*, den der Stifter des Redemptoristenordens *Alfons von Liguori* (1696–1787) und seine Schule lehren. Er verlangt, daß die für die Freiheit vom Gesetz sprechende Meinung wenigsten gleich oder fast gleich wahrscheinlich ist wie die dem Gesetz günstige Meinung.

Protestantische Polemik sah bei Alfons von Liguori, der 1871 zum Kirchenlehrer und 1950 zum Patron der Beichtväter und Moralisten erklärt wurde, eine „furchtbare Gefahr dieser Moraltheologie für die Sittlichkeit der Völker“[25]. Der von Kant geprägte Neuprotestantismus vermochte in der Moraltheologie der Liguorischule und der Neuscholastik nur „sittliche Korruption“ zu erkennen. Die kasuistische Gebotsmoral gehe am Wesen des Sittlichen vorbei, der Probabilismus sei nichts anderes als „ein sehr geschicktes Mittel der Selbstverteidigung gegen das sittliche Gebot“ (*Wilhelm Herrmann*[26]). Nach der Darstellung Härings[27], der selbst dem Redemptoristenorden angehörte, war Alfons in erster Linie Seelsorger, der im Unterschied zu den Rigoristen im Beichtvater weniger den strengen Richter (vgl. DH 1709) sehen wollte, sondern von ihm eine Darstellung der barmherzigen Liebe Gottes erwartete.

Die probabilistische Moral war nach Häring ein Versuch, innerhalb einer konventionellen, legalistischen Moral der schöpferischen Freiheit des Gewissens mit eben diesen legalistischen Mitteln Geltung zu verschaffen. Waren die Rigoristen anthropologische Pessimisten, die auf Kontrolle und Sanktion setzten, so hielten die Probabilisten dafür, daß gegenüber der

---

[25] Das Pamphlet von *Robert Grassmann*, Auszüge aus der von den Päpsten Pius IX. und Leo XIII. ex cathedra als Norm für die römisch-katholische Kirche sanktionierten Moraltheologie des Heiligen Dr. Alfons Maria de Liguori und die furchtbare Gefahr dieser Moraltheologie für die Sittlichkeit der Völker, Stettin 1894, wendete sich an „Staatsmänner, Richter, Offiziere, Geistliche, Lehrer und Familienväter“ und erschien 1901 in 88. Auflage; noch 1930 wurde das 395. Tausend aufgelegt.

[26] *Wilhelm Herrmann*, Römische und evangelische Sittlichkeit, Marburg, 1901[2], 32.

[27] *Bernhard Häring*, Frei in Christus, Bd. 1: Das Fundament aus Schrift und Tradition, Freiburg-Basel-Wien, 1982[3], 285-294.

Sündenmacht Gottes Gnade unendlich mächtiger ist, und brachten dem Gewissen der Gläubigen größeres Vertrauen entgegen. Sie waren darum auch eher imstande, sich auf Situationen neuer Art einzulassen, während Rigoristen und Tutioristen ungeschichtlich dachten und denken mußten. In der Zinsfrage etwa konnten die Probabilisten anerkennen, daß nach Ablösung der Naturalwirtschaft durch die kapitalistische Geldwirtschaft dem Geldverleihen eine positive Funktion in der Förderung von Arbeitsplätzen zufiel, dem Zinsnehmen also nicht einfach mehr das Verbot, fremde Not auszunutzen, entgegengehalten werden konnte. Andererseits gewinnen angesichts unübersichtlicher Problemlagen und unüberschaubarer Risiken auch tutioristische Argumentationsweisen an Attraktivität, wie sie *Hans Jonas* mit seiner „Heuristik der Furcht" im Blick auf Risiken der modernen Großtechnologien vorgeschlagen hat. Tutioristisch ist das bioethische Argument, daß im Blick auf den moralischen Status des Embryo „schon die bloße Wahrscheinlichkeit, eine menschliche Person vor sich zu haben, genügen würde, um das strikteste Verbot jedes Eingriffs zu rechtfertigen"[28].

Ansätze zu einer biblisch-theologischen Erneuerung der katholischen Moraltheologie aus dem Geist des Evangeliums und der Reich-Gottes-Botschaft zeigten sich zu Beginn des 19. Jahrhunderts in Deutschland. Sie blieben jedoch vorerst Episode und wurden durch den romanischen neuscholastischen Typ der Moraltheologie verdrängt, bis mit dem Zweiten Vatikanischen Konzil ihre Stunde kam.

Johann Michael Sailer, aufgeklärt-frommer Seelsorger, Theologe und zuletzt Bischof von Regensburg, stellt 1817 der kasuistischen Handbuchmoral die Diagnose, daß sie „von allem Göttlichen (von Gott und Christus) entblößt war", wodurch sie „all ihre Herrlichkeit [verlor]". In ihr „war nur Achtung des Gesetzes an der Tagesordnung" und dadurch „ward sie grundlos, gemütlos, gemein, unheilig, lahm". Demgegenüber fordert Sailer eine Moral aus der „Zentral-Idee des Christentums": „Gott hat sich in Christus und durch Christus der Menschheit offenbart, und hat sich dazu offenbart, daß die Menschheit in und durch Christus wieder eins mit Gott werden solle"; das sei das „Eine und das All der christlichen Lehre", welches „auch das Eine und das All der Moral" sein

---

[28] *Johannes Paul II.*, Enzyklika „Evangelium vitae" (1995), Nr. 60.

müsse[29]. Sailer wehrte sich dagegen, daß es die Moraltheologie nur mit der Umzäunung von Mindestgrenzen zu tun habe, während ein Leben entsprechend der Bergpredigt Sache einer spirituellen Aszetik, gar für den Stand der Vollkommenen wäre[30].

Auch die Vertreter der Tübinger Schule wollen eine Moral, die sich nicht statisch in der Normierung von Geboten und im Taxieren von Sünden erschöpft, sondern dynamisch aus der Freiheit der Gotteskinder Gestalt gewinnt. *Johann Baptist Hirscher* entwirft 1835 „die christliche Moral als Lehre von der Verwirklichung des göttlichen Reiches in der Menschheit", wie der Titel seines Hauptwerks lautet. In der dritten Generation der Tübinger Schule stellt *Franz Xaver Linsenmanns* Lehrbuch der Moraltheologie (1878) die innere Einheit von Gnade und Freiheit und damit die Zusammengehörigkeit von Dogmatik und Ethik heraus: In der Dogmatik erscheint der Mensch „bestimmt durch den göttlichen Willen und getragen von seiner Gnade; in der Ethik erscheint er in seiner Freiheit und Verantwortlichkeit"[31]. Bereits 1819 hatte *Johann Sebastian Drey* den Zusammenhang von Dogmatik und Moraltheologie in den Grundsatz gefaßt, daß die christliche Moral „nicht die angewandte, aber die umgewandte Dogmatik" ist[32].

Das Erste Vatikanische Konzil brachte noch einmal den vollen Sieg der römischen Neuscholastik. In der drückenden Atmosphäre des Antimodernismus hatten andere Ansätze keine Chance. Um die Mitte des 20. Jahrhunderts war „die Krise der Moraltheologie" ein verbreitetes Schlagwort. Die katholischen Laien rieben sich an der lebensfernen Starre der Handbuchmoral; eine Eingabe des Weltbundes weiblicher katholischer Jugend an Papst Pius XII. im Jahr 1952 klagt: „Indem die jungen Menschen das Christentum mit einem Kodex von Vorschriften verwechselten, haben sie das Gefühl, im Klima einer Befehlsmoral zu ersticken, und es ist eine verschwindende Minderheit, die diesen hinderlichen Ballast über Bord wirft"[33].

Die Neuscholastik beanspruchte Einsicht in vermeintlich natürliche Wesensbestimmungen, aus denen sich ethische

---

[29] *Johann Michael Sailer*, Handbuch der christlichen Moral, Bd. 1, München 1817, 6f. 131. 126.
[30] *Häring*, Das Gesetz Christi, Bd. 1, 64.
[31] Zit. bei *Thönissen*, aaO. 58.
[32] Ebd. 51.
[33] Zit. bei *Franz Furger*, Einführung in die Moraltheologie, Darmstadt 1988, 12.

Normen ableiten lassen, von denen behauptet wird, sie seien universal gültig und allgemein einsehbar. Die vorgebliche Objektivität einer metaphysisch begründeten Ordnungsethik mit überindividuellen Werten und Normen gab der neuscholastischen Moral ein Bewußtsein der Überlegenheit gegenüber dem protestantischen „Subjektivismus" ihrer Zeit; ihr Schlachtruf hieß „Thomas gegen Kant"[34]. Während jedoch beim originalen Thomas die ethische Norm schöpferisch von der Vernunft aufgrund ihrer Teilhabe am „ewigen Gesetz" unter Beachtung der natürlichen Vorgaben erstellt wird, liegt sie neuscholastisch in einer auf Gott zurückgeführten Natur der Dinge für die ‚richtige Vernunft' ablesbar bereit. Extrem zeigt sich der Essentialismus in der Ehe-Enzyklika „Casti connubii" (1930) von *Pius XI.*, die den Begriff „Deus et natura" durchgehend fast wie einen einzigen Begriff gebraucht und dementsprechend Empfängnisverhütung als Verstoß gegen die göttlichen Zeugungsgesetze und damit als schwere Schuld qualifiziert (DH 3717).

Das Zweite Vatikanische Konzil führt Dogmatik und Moraltheologie als Auslegung der einen christlichen Heilsoffenbarung wieder zusammen. Vorbereitet war der konziliare Aufbruch durch biblisch-personale und christozentrische Neuansätze der Moraltheologie (*Fritz Tillmann*[35], *Alfons Auer*[36], *Häring* u. a.), Überwindung des Neuthomismus durch eine neue Hinwendung zu Thomas (*Henri de Lubac*, *Marie-Dominique Chenu*) und durch das ‚transzendentaltheologische' Offenbarungs- und Gnadenverständnis *Rahners*[37]: „Natur" und „Übernatur" verhalten sich nicht wie getrennte Stockwerke zueinander, sodaß die Gnade ‚von außen' zu einer in sich vollendeten Natur hinzuträte in Gestalt einer ihr autoritativ befohlenen Annahme des Übernatürlichen. Vielmehr hat Annahme der Gnade ihre ‚Bedingung der Möglichkeit' (eine darauf zielende Fragestellung heißt seit Kant ‚transzendental') in einer konstitutiven Hinordnung des Menschen auf

---

[34] *Albrecht Langner*, Katholische und evangelische Sozialethik im 19. und 20. Jahrhundert, Paderborn-München-Wien-Zürich 1998, 209. 248.
[35] *Fritz Tillmann*, Die Idee der Nachfolge Christi, 1934.
[36] *Alfons Auer*, Anliegen heutiger Moraltheologie, ThQ 138, 1958, 275-306.
[37] Vgl. die Darstellung bei *Thönissen*, aaO. 66f.

die Gnade, ohne daß dadurch die Ungeschuldetheit der Gnade, d. h. der Freiheit der Zuwendung Gottes, geschmälert würde[38]. Entsprechend denkt das Konzil die Offenbarung nicht mehr als autoritative Mitteilung übernatürlicher Wahrheiten und Gnade nicht als äußere Anstückung an die Natur, sondern als Selbstoffenbarung und Selbstmitteilung Gottes an das menschliche Geschöpf, das im Glauben nicht heteronom Wahrheiten entgegennimmt, sondern in ihm zu sich selbst kommt und die eigene Vollendung ergreift. Spricht man in diesem Sinne von einer „anthropozentrischen Wende", so darf aber der sie umgreifende heilsgeschichtlich-christozentrische Horizont nicht ausgeblendet werden: „Tatsächlich klärt sich nur im Geheimnis des fleischgewordenen Wortes das Geheimnis des Menschen wahrhaft auf", lautet eine von Johannes Paul II. besonders häufig zitierte Kernaussage des Konzils. „Christus, der neue Adam, macht eben in der Offenbarung des Geheimnisses des Vaters und seiner Liebe dem Menschen den Menschen selbst voll kund und erschließt ihm seine höchste Berufung" (GS 22).

Auf die Moraltheologie kommt das Konzil nur im Zusammenhang der Erfordernisse für eine zeitgemäße Priesterbildung zu sprechen:

> Alle theologischen Disziplinen „sollen [...] aus einem lebendigeren Kontakt mit dem Geheimnis Christi und der Heilsgeschichte neu gefaßt werden. Besondere Sorge verwende man auf die Vervollkommnung der Moraltheologie, die, reicher genährt aus der Lehre der Schrift, in wissenschaftlicher Darlegung die Erhabenheit der Berufung der Gläubigen in Christus und ihre Verpflichtung, in der Liebe Frucht zu tragen für das Leben der Welt, erhellen soll"[39].

Der von *Häring* inspirierte Passus benennt die drei Prinzipien des christlichen Ethos: Orientierung an der Schrift als primäres *Erkenntnisprinzip,* Sein und Leben in Christus als *Seinsprinzip*, liebende Hingabe als das *Wirkprinzip* christlicher Existenz. Leben in Christus impliziert die *sakramentale Gemeinschaft mit der Kirche.* Mit dem Rekurs auf die Schrift ist

---

[38] *Karl Rahner*, Über das Verhältnis von Natur und Gnade, in: Schr. z. Theol. Bd. 1, Einsiedeln-Zürich-Köln 1954 (323-345) 324f.

[39] Dekret über die Ausbildung der Priester „Optatam totius" (1995), 16.

die Anknüpfung an die von der Erlösung vorausgesetzte und umfangene *Schöpfungswirklichkeit* nicht aufgehoben, sondern mitgesetzt. Zur Interpretation der Konzilsaussage wurde deshalb folgende „Kurzformel einer christusförmigen Sittlichkeit" vorgeschlagen:

> „Der Christ gestaltet sein Leben aus der Gnadenkraft des sakramentalen Christus (sakramentale Struktur) nach dem Vorbild des historischen Jesus und des erhöhten Herrn (ethisch-eschatologische Struktur) in der Gemeinschaft der Kirche für das Heil der Welt (ekklesial-missionarische Struktur) gemäß der erlösten Schöpfungswirklichkeit (ontologische Struktur) zur Verherrlichung des Vaters (doxologische Struktur)"[40].

3. Individual- und Sozialethik

Während auf dem Weg von Trient zum Zweiten Vatikanischen Konzil Moraltheologie und Dogmatik wieder zusammenrückten, wuchs auf dem Weg von Trient zum Zweiten Vatikanum eine andere Disziplin aus der Moraltheologie heraus: die katholische Soziallehre. Die Erkenntnis, daß es Ungerechtigkeit gibt, die nicht auf unmittelbar persönliche Verfehlungen einzelner Menschen zurückgeht, sondern in sozialen und ökonomischen Strukturen ihren Grund hat, sprengt den individualethischen Rahmen. Im 19. Jahrhundert entsteht der Begriff der „sozialen Gerechtigkeit"; die Handlungskategorie (Gerechtigkeit als Tugend) wird in eine Systemkategorie umformuliert. Die Päpste entwickeln jetzt eine systematische Soziallehre, die sich als Lehre „über die gesellschaftliche Ordnung"[41] versteht. Bis heute wird im Fächerkanon katholischer Theologie die katholische Soziallehre von der Moraltheologie unterschieden und auf eigenen Lehrstühlen für „Christliche Gesellschaftslehre" oder „Christliche Sozialwissenschaften" gelehrt.

Auf evangelischer Seite werden die Anfänge einer eigentlichen Sozialethik aus heutiger Sicht erst auf die Mitte des 20.

---

[40] *Josef Georg Ziegler*, Moraltheologie im 20. Jahrhundert, in: *Herbert Vorgrimler/Robert Vander Gucht* (Hg.), Bilanz der Theologie im 20. Jahrhundert, Bd. 3, Freiburg-Basel-Wien 1970 (316-360) 355.

[41] Untertitel der Enzyklika „Quadragesimo anno" (1931).

Jahrhunderts datiert[42]. Den Begriff „Sozialethik" prägte der lutherische Theologe *Alexander von Oettingen*, der in seinem Werk „Moralstatistik. Versuch einer Sozialethik auf empirischer Grundlage" (1868) auf der Basis statistischen Materials die „sittlichen Bewegungsgesetze" der Menschheit zu analysieren und einer ethischen Beurteilung zu unterziehen suchte[43]. In der reformatorischen Rechtfertigungslehre mit ihrer Unterscheidung zwischen Glaube und Werk, ‚Person' und ‚Amt' des Christen war bereits eine – verschieden akzentuierbare – Unterscheidung zwischen Individual- und Sozialethik angelegt: Sofern sich die sittliche Qualität der Handlung aus der Qualität der handelnden Person ableitet, läßt sich eine Prävalenz der auf die „Leitorientierung" reflektierenden Individualethik behaupten (*Johannes Fischer*). Sofern das liebende Handeln der Selbstreflexion entzogen und dem Nächsten zugewandt ist, kann aber auch die These vertreten werden, „daß das erste ‚Kompendium' einer reformatorischen Ethik, nämlich Luthers Traktat ‚De libertate christiana' (1520) ‚Sozialethik' darstellt" und „theologische Ethik also [...] im eigentlichen Sozialethik [ist]"[44]. Die Unterscheidung von Individualethik und Sozialethik hält aber die Erinnerung an die Differenz von Herkunft und Ziel des christlichen Handelns, von „Begründung und Gestaltung des Ethos" (*Ernst Wolf*) fest.

Von einem modernen Gesellschaftsverständnis her nimmt sich die reformatorische Sozialethik indessen nur wie „angewandte Individualethik" (*Trutz Rendtorff*[45]) aus, die danach fragt, wie der Christ seinen Glauben in staatsbürgerlichem Gehorsam als Kriegsknecht oder in der Übernahme öffentlicher Ämter als Richter oder Fürst zu bewähren vermag. Eine systematische Reflexion auf die strukturellen Probleme von Sozialität und die Gestaltung der Ordnungen ist vor allem im Lu-

---

[42] *Johannes Fischer*, Theologische Ethik (Forum Systematik 11), Stuttgart-Berlin-Köln 2002, 60 (mit Verweis auf *Heinrich Bedford-Strohm*, EKL, 3. Aufl. Bd. 4, 1996, 329); zum Ganzen: 57-69.

[43] *Traugott Jähnichen*, Art. Sozialethik, Ev. Soziallexikon. Neuausg., Stuttgart-Berlin-Köln 2001, 1440-1448.

[44] *Ernst Wolf*, Sozialethik, Göttingen 1975, 14f.

[45] *Trutz Rendtorff*, Ethik (ThW 13), Bd. 1, Stuttgart-Berlin-Köln-Mainz, 1990², 115.

thertum wenig entwickelt, sodaß beispielsweise die Wirtschaftsethik als Berufsethik entfaltet wird.

Die katholische Seite, die sich im Besitz objektiver, metaphysisch begründeter Sozialprinzipien (s. u.) glaubte, bescheinigte dem Protestantismus „völlige Unfruchtbarkeit" (*Karl Adam*) in Fragen ethischer Weltgestaltung, Ohnmacht gegenüber der Eigengesetzlichkeit des Ökonomischen und Unfähigkeit zu selbständiger kirchlicher Existenz im Gegenüber zum Staat. Umgekehrt setzte sich der Kulturprotestantismus keineswegs mit der ab 1890 Gestalt annehmenden katholischen Konzeption der Sozialprinzipien auseinander, sondern kritisierte am Katholizismus eine heteronome Ethik äußerer Gesetzlichkeit, der er eine Gesinnungsethik der sittlichen Persönlichkeit entgegensetzte[46]. Dagegen forderte *Ernst Troeltsch* als Antwort auf die ethische Krise der Moderne den Schritt von der „subjektiven Ethik", wie er sie durch *Wilhelm Herrmann* vertreten sah, zu einer „objektiven Ethik", die die „objektive[n] Werte der Familie, des Staates, der Gesellschaft, der Wissenschaft, der Kunst und der Religion" zu schätzen und mit dem eschatologischen Gedanken des Gottesreiches als letztem „Zweck" zu verknüpfen hätte[47].

Der Ausbildung einer sozialstrukturellen Ethik standen auf evangelischer Seite auch nach dem Zweiten Weltkrieg zunächst noch die einflußreichen theologischen Modelle einer – bis auf die Ausnahme von *Emil Brunner* – lutherischen Theologie der von Gott gestifteten Ordnungen und einer durch *Karl Barth* und seine Schule geprägten Theologie der Königsherrschaft Christi entgegen[48]. Die konservative Ordnungstheologie suchte in „Schöpfungsordnungen", „Erhaltungsordnungen" oder „Notordnungen" ethische Orientierung; mangels klarer Kriterien kam es jedoch immer wieder zur Legitimierung von vermeintlich zeitlosen Ordnungen wie

---

[46] Bei *Langner*, aaO. 340. 253f. 257.

[47] *Ernst Troeltsch*, Grundprobleme der Ethik, in: *ders.*, Gesammelte Schriften, Bd.2: Zur religiösen Lage, Religionsphilosophie und Ethik, Tübingen 1922² (552-672) 618. 635. 659. Zur Kritik dieses Programms und seiner Fortführung bei *Rendtorff* vgl. *Thönissen*, aaO. 89-98.

[48] Eine ausführliche Kritik vor allem des zweiten Modells bei *Martin Honecker*, Einführung in die Theologische Ethik, 291. 295; *ders.*, Grundriß der Sozialethik, Berlin-New York 1995, 14-31. 58-71.

Krieg, Klassengesellschaft, Unterordnung der Frau usw. Die Deutung der Gesellschaft als Raum der Christusherrschaft sensibilisierte für eine zukunftsoffene Gestaltung von Politik und Recht im Sinne von ‚Gleichnissen' des Reiches Gottes und seiner Gerechtigkeit, erschwerte aber die ethische Konsenssuche durch eine Theologisierung, als wäre die perfektisch geglaubte Herrschaft Christi wie ein objektiver Machtfaktor unmittelbar in politische Ethik umzusetzen[49]. *Dietrich Bonhoeffers* Lehre von den vier „Mandaten" (Ehe, Arbeit, Kirche und Obrigkeit) ersetzt zwar die vorgeblich zeitlosen Schöpfungsordnungen durch einen in Beziehung auf die „Christuswirklichkeit" zu gestaltenden Auftrag, bleibt aber als theologische Gesellschaftstheorie – auch wegen ihrer patriarchalen Vorstellungen – hinter dem Differenzierungsprozeß der modernen Gesellschaft zurück.

Die Ablösung solcher unmittelbar theologischen Gesellschaftsdeutungen durch eine ausgeführte sozialethische Theoriebildung erfolgte in Deutschland im Zusammenhang mit dem Aufbruch der ökumenischen Bewegung, die über das Konzept der „Verantwortlichen Gesellschaft" (Amsterdam 1948), der „Theologie der Revolution" (Weltkonferenz für Kirche und Gesellschaft in Genf 1966) zur Projektierung einer systematischen ökumenischen Sozialethik (Uppsala 1968) vorstößt. In der Praxis der EKD-Denkschriften seit 1962 und gemeinsamer Verlautbarungen der beiden großen Kirchen ist auch die evangelische Sozialethik über den personenethischen Horizont zu einer gesamtgesellschaftlichen Institutionen- und Strukturethik vorgestoßen, bei der die vernunftgeleitete Erfahrung als Erkenntnisorgan ihr eigenes Recht besitzt und das Christliche in der Orientierung an biblischen „Haltungsgrundlagen" (wie dem Eintreten für die Schwachen) oder an „mittleren Axiomen" (die theologische Kriterien wie Geschöpflichkeit mit Sacheinsichten situationsbezogen vermitteln) zum Tragen kommt[50].

---

[49] Vgl. die Kritik bei *Joest*, aaO. 81, und *Wolfgang Huber*, Kirche und Öffentlichkeit, Stuttgart 1973, 462-465.

[50] EKD-Denkschrift: Aufgaben und Grenzen kirchlicher Äußerungen zu gesellschaftlichen Fragen, Nr. 63.

Der Sinn der Unterscheidung von Individual- und Sozialethik ist dennoch nicht unumstritten. Für *Eilert Herms* ist „Ethik in concreto immer Sozialethik", weil alle Handlungen von Einzelpersonen den Charakter von Interaktionen haben und durch ihre Interaktion auf die einzelnen funktionsspezifischen Interaktionsordnungen der Gesellschaft (die an die Stelle der ‚Schöpfungsordnungen' getreten sind) gestaltenden Einfluß nehmen[51]. Herms sucht noch einmal nach einem „theologischen Begriff sozialer Ordnung"[52]. Sein theologischer Charakter soll darin bestehen, daß der dabei zugrunde gelegte Begriff von Handeln und Personalität sich im Horizont des christlichen Wirklichkeitsverständnisses bewegt[53]. Dennoch könne die theologische Gesellschaftstheorie gleiches wissenschaftliches Recht beanspruchen wie andere sozialwissenschaftliche Theorien, weil jeder Vollzug einer Zielwahl von lebensorientierenden ‚weltanschaulichen' Gewißheiten getragen werde und aufgrund der Austauschbarkeit der Begriffe ‚Weltanschauung' und ‚Religion' „keine Handlungsrationalität ohne Religion" denkbar sei. Öffentliches Handeln impliziert für Herms auch die öffentliche Rechenschaft über die Rationalität der Zielwahl, einschließlich der weltanschaulich-religiösen Gewißheit der Handelnden. Eine „Krise der öffentlichen Anerkennung von religiös-weltanschaulichen Überzeugungen" durch Verweis religiöser Überzeugungen ins Private bedeute darum auch eine Krise der Rationalität, des Ethos des öffentlichen Handelns[54]. Dieser Ansatz beim Begriff der Handlungsrationalität erweist sich jedoch als empirisch wenig gehaltvoll, weil er im Blick auf die Begründung menschlicher Handlungsfähigkeit als ethisches Vorzüglichkeitskriterium nur die „Gewißheit (Überzeugung) über das Höchste Gut des Menschen, seine [...] Bestimmung, wie sie in der ursprünglichen Verfassung seines Lebens selbst begründet ist"[55], anzugeben vermag. Im Unterschied zur technisch orientierenden Gewißheit verdanke sich diese Gewißheit „der unverfügbaren

---

[51] *Eilert Herms,* Gesellschaft gestalten, Tübingen 1991, XII.
[52] Ebd. 56-94.
[53] Ebd. 60. 92.
[54] Ebd. 238. 247.
[55] Ebd. XII; vgl. 48.

Selbsterfahrung jedes einzelnen Aktanten im Kontext einschlägiger Traditionen"[56]. Damit ist aber über die Begründungsproblematik individueller Handlungsfähigkeit nicht hinauszugelangen. Zudem erscheint ein eigentlicher Diskurs zwischen den Interaktanten nicht denkbar, da nach den Prämissen Ursprungsgewißheiten nur im Modus der Bezeugung eingebracht werden können[57].

Versteht man „Sozialethik als Verantwortungsethik"[58], dann vereinigt sie die drei Dimensionen menschlicher Verantwortung, die auch der traditionellen Dreiteilung in Tugendethik, Pflichtethik und Wert- bzw. Güterethik zugrunde liegen: „Identität", „Dasein für andere" und „Sorge für die Welt"[59] oder: Individualität, Zwischenmenschlichkeit und gesellschaftlich-institutionelle Dimension[60] oder: Handlungsfähigkeit, Normbindung und Verwirklichung von Zwecken[61]. So haben beispielsweise Fragen der Sexualethik stets eine individualethische, eine zwischenmenschlich-personale und eine sozialstrukturelle Dimension. Doch besitzen Themen, die in der katholischen Moraltheologie traditionell eine zentrale Stellung einnehmen, in evangelischen Ethiken geringeren Stellenwert. Katholische Autoren beklagen darum „die häufig feststellbare Unsicherheit in ethischen Aussagen protestantischer Autoren zu Fragen, die Sexualität oder Abtreibung betreffen", und warnen davor, „die individuellen und zwischenmenschlichen Belange in die individuelle Beliebigkeit zu entlassen"[62].

---

56 Ebd. XXVI.

57 Zur Frage der Bezugnahme auf religiöse Überzeugungen in der pluralistischen Gesellschaft *Stefan Grotefeld*, Protestantische Ethik und die liberale Forderung nach Selbstbeschränkung. ZEE 45, 2001, 262-284 (mit Diskussion der Positionen von *Stanley Hauerwas*, *Herms* und *Fischer*).

58 Exemplarisch: *Honecker*, Theologische Ethik, 336; *Ulrich H. J. Körtner*, Evangelische Sozialethik (UTB 2107), Göttingen 1999, 65; *Heinz Eduard Tödt*, Perspektiven theologischer Ethik, München 1980, 11-55.

59 *Dietz Lange*, Ethik in evangelischer Perspektive, Göttingen 1992, 259.

60 *Arthur Rich*, Wirtschaftsethik, Bd. 1: Grundlagen in theologischer Perspektive, Gütersloh, 1991[4], 41-56; *Franz Furger*, Christliche Ethik im Spannungsfeld von Individuum, Gruppe und Gesellschaft – das personale Ziel in der Verschiedenheit seiner Ansätze, in: Katholische Soziallehre in neuen Zusammenhängen (Theologische Berichte 14), Zürich-Einsiedeln-Köln 1985 (105-138) 137.

61 *Honecker*, Sozialethik, V-VII.

62 *Furger*, aaO. 124.

In der katholischen Kirche wurde noch bis ins 20. Jahrhundert dem Begriff „Sozialethik" Zurückhaltung entgegengebracht; es könne „nur eine Individualethik geben, weil nicht die Gesellschaft als solche, sondern nur die Einzelpersönlichkeit Verstand und freien Willen, die Voraussetzungen sittlichen Verhaltens besitze"[63]. Die päpstlichen Lehrdokumente wollen eine Sozial*lehre* vortragen, die mit dem Anspruch wissenschaftlicher, allgemein gültiger Erkenntnis die Prinzipien einer dem Wesen des Menschen als Individual- und Sozialwesen entsprechenden Gesellschaftsordnung formuliert. Die Soziallehre der beiden Pius-Päpste will zuerst Sozialmetaphysik sein, bevor sie Sozialethik ist. Denn sie beansprucht, die Seinsprinzipien der gesellschaftlichen Ordnung zu erkennen, die gemäß dem Grundsatz „agere sequitur esse" („das Handeln folgt dem Sein") zugleich als Sollensprinzipien verstanden werden. Dem neuscholastischen Verständnis von Natur und Gnade entsprechend ist die Offenbarung im strikten Sinne nur Erkenntnisquelle für die übernatürlichen Erlösungswahrheiten. Die natürlichen Schöpfungsverhältnisse dagegen vermag die sozialphilosophische Vernunft grundsätzlich aus eigener Kraft zu erkennen. Da sie faktisch aber durch die Sünde geschwächt ist, kann ihr die Offenbarung als eine negative Kontrollnorm, der die Einsichten der ‚richtigen Vernunft' nicht widersprechen[64], nur willkommen sein.

Der ontologische Anspruch dieser Sozial*lehre* deutschen Typs wird von den Päpsten seit *Johannes XXIII.* nach und nach zurückgenommen. Vierzig Jahre nachdem *Pius XI.* in „Quadragesimo anno" (1931) die Unterwerfung des gesellschaftlichen und des politischen Bereichs unter das höchstrichterliche Urteil des päpstlichen Lehramtes gefordert hatte, soweit die sittliche Ordnung berührt war (DH 3725), gebraucht *Paul VI.* auch den Ausdruck „Sozial*ethik*" und stellt fest, daß die christliche Soziallehre keine fertigen Sozialmodelle anzubieten habe, sondern kritisch nach den Wertvorstellungen in den jeweiligen Modellen zu fragen habe. Das Lehramt könne nicht „ein für

---

[63] *Johannes Messner*, Art. Sozialethik, Kath. Soziallexikon, 2. Aufl. 1980 (2673-2681) 2673.
[64] *Langner*, aaO. 209.

alle gültiges Wort" oder „allerorts passende Lösungen" vorschlagen; dies sei vielmehr „Sache der einzelnen christlichen Gemeinschaften vor Ort"[65].

Unter *Johannes Paul II.* vollzieht sich eine Theologisierung der katholischen Soziallehre. Da im Zeitalter der postmodernen Toterklärung des Subjekts (*Michel Foucault*) das Personprinzip einer eigenen Plausibilisierung bedarf, kommen die theologischen Prämissen stärker in den Blick. Aus der Sozial*lehre* wird die kirchliche Sozial*verkündigung*. Was die Kirche als „Expertin in Menschlichkeit" (*Paul VI.*) vom Menschen weiß, verdankt sie der Einsicht in die christologische Enthüllung des Geheimnisses des Menschen. Die Soziallehre erlangt darum „die Bedeutung eines Instrumentes der Glaubensverkündigung"; sie gehört „aus diesem Grund [...] in den Bereich der Theologie und insbesondere der Moraltheologie" (CAn 54. 55)[66].

Was die Arbeitsweise der lehramtlichen Soziallehre betrifft, so verbinden sich bei der Urteilsbildung eine problemorientierte und eine normative Reflexion zu einer „dynamischen induktiv-deduktiven Methode"[67]. Dem induktiven Dreischritt „Sehen, Urteilen, Handeln"[68], bei dem auch den Human- und Sozialwissenschaften eine analytische Aufgabe zufällt, kommt das Lehramt mit dreifach abgestuften „Wertmaßstäben" entgegen: In dieser seiner „eigentlichen Funktion" formuliert es „*Leitprinzipien*" für den „sicheren Weg" zum Aufbau der gesellschaftlichen Ordnung; „*Urteilskriterien*" im Blick auf eine gegebene Wirklichkeit; „*Richtlinien* für das konkrete Han-

---

65 *Paul VI.*, Apostolisches Schreiben „Octogesima adveniens" (1971), 40. 4.

66 In eine ähnliche Richtung weist die Erweiterung des Märtyrerbegriffs bei der Heiligsprechung Maximilian Kolbes (1982): Das „höchste Zeugnis des Glaubens" wird auch dann abgelegt, wenn der Christ nicht einem Verfolger gegenübersteht, der ihn seinem Glauben abzuschwören zwingt, sondern gegen ein totalitäres System die gottgegebene Würde des Menschen bekräftigt.

67 Kongregation für das katholische Bildungswesen: Leitlinien für das Studium und den Unterricht der Soziallehre der Kirche in der Priesterausbildung (1989), 7.

68 Er begegnet bei *Johannes XXIII.*, Enzyklika „Mater et magistra" (1961), 236, und strukturiert auch das gemeinsame Wort der Kirchen in Deutschland zur wirtschaftlichen und sozialen Lage von 1997 (s. u.).

deln"[69]. Die Kompetenz des Lehramts nimmt dabei von oben nach unten ab, die der Laien mit ihrem Sachverstand zu. Am unteren Ende läuft die katholische Soziallehre, die man als ein „Gefüge offener Sätze" bezeichnet hat, in Entscheidungen aus, die den Charakter eines Wagnisses haben: „Was diese offenen Sätze als konkrete Handlungsimperative verlangen, kann nicht wieder von einem neuen Gefüge von Sätzen bestimmt und so ‚objektiv' abgesichert werden"[70].

Darin kommt die vom Zweiten Vatikanischen Konzil anerkannte „Autonomie der irdischen Wirklichkeiten" zur Geltung, die als von Gott geschaffene ihre eigene Wahrheit und Ordnung haben, die entsprechende Methoden des wissenschaftlichen und technischen Zugangs erfordert, für die der Sachverstand der Laien gebraucht wird. Diese sollten die konkreten Lösungen nicht von den Seelsorgern erwarten; gelangten sie bei gleicher Gewissenhaftigkeit zu unterschiedlichen Urteilen, dürfe niemand die Autorität der Kirche ausschließlich für sich und seine Meinung in Anspruch nehmen (GS 36. 43). Damit gewinnt das Konzil Anschluß an originär thomanisches Denken, das die antimodernistischen Verengungen des Neuthomismus hinter sich gelassen hat.

Vom Anspruch *Pius' XII.*, die gesellschaftliche Ordnung an „der ewig gültigen Ordnung" zu messen, „die Gott, der Schöpfer und Erlöser, durch Naturrecht und Offenbarung kundgetan hat"[71], ist das Bewußtsein geblieben, über ein „Lehrgebäude" (CAn 5) zu verfügen, das mit den aus der „christlichen Sicht der Person" abgeleiteten „Sozialprinzipien" – dem *Personprinzip*, dem *Solidaritätsprinzip* und dem *Subsidiaritätsprinzip* – „notwendigerweise die richtige Sicht der Gesellschaft" (CAn 13) vermittelt. Das Solidaritätsprinzip entspricht der auf Mit-Sein angelegten Natur des Menschen; das Subsidiaritätsprinzip basiert auf dem Grundsatz, daß Vernunftwesen sich nur in freier Selbsttätigkeit vollenden, und regelt die Zuständigkeit zwischen den einzelnen und den größe-

---

[69] Leitlinien, 2. 6-8; die obige Terminologie nach *Johannes Paul II.*, Enzyklika „Sollicitudo rei socialis" (1987) 8. 41.

[70] *Stephan H. Pfürtner/ Werner Heierle*, Einführung in die katholische Soziallehre, Darmstadt 1980, 30.

[71] *Pius XII.*, Pfingstbotschaft 1941, in: Texte zur katholischen Soziallehre, Kevelaer, 1985[6] (153-165) 155.

ren Gemeinschaften. Die Deutung des Subsidiaritätsprinzips, wie es von *Pius XI.* in der Enzyklika „Quadragesimo anno" (1931) erstmals lehramtlich formuliert wurde (DH 3738), schwankt zwischen Hilfe zur Selbsthilfe (positive Verpflichtung des Staates und der größeren Gemeinschaften) und Schutz vor Bevormundung (Grenze staatlichen Handelns); es sucht eine Mitte zwischen ‚Nachtwächterstaat' und ‚Versorgungsstaat'. Der Sozialismus ist nach dem Urteil *Johannes Pauls II.* unter anderem auch daran gescheitert, daß er die aus der Eigeninitiative der Personen, Gruppen und Verbände resultierende „Subjektivität der Gesellschaft" zentralistisch erstickte (CAn 13). Das gelegentlich als viertes Sozialprinzip genannte *Gemeinwohl* ist nicht selbst Prinzip, sondern Zielvorstellung, die dann realisiert ist, wenn aufgrund der drei Prinzipien eine Gesellschaft so geordnet ist, daß die menschliche Person sich in ihrer sozialen wie in ihrer übernatürlichen Dimension verwirklichen kann. Das als weiteres Sozialprinzip vorgeschlagene Prinzip der *Nachhaltigkeit*[72] läßt sich als eine Implikation des Solidaritätsprinzips verstehen, welche in die Gerechtigkeitsforderung auch die kommenden Generationen einschließt.

Mit dem gegen den Individualismus gerichteten Solidaritätsprinzip und dem gegen den Kollektivismus gerichteten Subsidiaritätsprinzip (DH 4766) ließ sich die katholische Soziallehre als „dritter Weg" zwischen liberalistischem Kapitalismus und marxistischem Kollektivismus vermitteln. Nach neueren lehramtlichen Verlautbarungen wird dabei jedoch die Eigenart der katholischen Soziallehre verkannt[73]: Kapitalismus wie Sozialismus stützten sich auf anonyme Gesetzmäßigkeiten, während die katholische Lehre von der sittlichen Verantwortung der Person ausgehe. Das Personprinzip fordere für die Gesellschaftsordnung „den Primat des Menschen vor den Dingen, die Priorität der Arbeit vor dem Kapital, die Überwindung der Antinomie Arbeit-Kapital"[74]. Das befreiungstheolo-

[72] Die deutschen Bischöfe. Kommission für gesellschaftliche und soziale Fragen: „Handeln für die Zukunft der Schöpfung", 22. Okt. 1998, Nr. 106ff. 127ff.

[73] Sollicitudo rei socialis, 41.

[74] Leitlinien, 51.

gische Anliegen der „Option für die Armen" wird auch von der lehramtlichen Soziallehre geteilt; abgelehnt wird die antagonistische Gesellschaftsauffassung der Befreiungstheologie und ihr Verständnis vom Primat der Praxis vor der Theorie.

Harmonistisch wirkt die päpstliche Soziallehre durch die Vorstellung, richtige Kenntnis der Prinzipien führe zu einer widerspruchsfreien Gesellschaft[75]. Der Solidarismus neigt dazu, Konflikte in ihrer Bedeutung für die Veränderung der Gesellschaft unterzubewerten[76] und durch eine „organische Auffassung des sozialen Lebens"[77] wegzudefinieren. Bei der Bestimmung des Gemeinwohls liegen funktionale, systemtheoretische Konzepte und die normativen Wertvorgaben des kirchlichen Lehramtes miteinander im Streit. Seine gegenüber der Gesellschaft erhobene Forderung nach Bindung der menschlichen Freiheit an die Wahrheit (CAn 4) trifft auf die Schwierigkeit, daß im heutigen Pluralismus und im Blick auf die Komplexität der neuen Handlungsmöglichkeiten universale Gewißheiten nicht mehr bestehen und der Glaube seiner Weltverantwortung nur „durch solidarische Beteiligung am Prozeß der Antwortsuche" gerecht werden kann[78]. Einer Rezeption des Subsidiaritätsprinzips in der deutschen evangelischen Sozialethik stand die Verbindung mit der berufsständischen Ordnung entgegen, in der es in „Quadragesimo anno" erscheint. Bedenken erregte auch seine katholische Verwendung zur Begründung eines prinzipiellen Vorrangs kirchlicher Einrichtungen vor weltlichen Trägern im Sozial- und Erziehungsbereich (s. u.).

Nachdem die katholische Sozialethik ihren sozialmetaphysisch-deduktiven Charakter abgelegt hat, erwiesen sich die katholischen Sozialprinzipien aufgrund ihres „kultur- und sozialphilosophischen Gehaltes und ihrer naturrechtlich-rationalen Begründungsstruktur" als anschlußfähig[79] für eine „Verständigung über die Grundlagen und Perspektiven einer menschenwürdigen, freien, gerechten und solidarischen Ordnung von

[75] Vgl. auch die Kritik bei *Körtner*, aaO. 45-48.
[76] *Honecker*, Theologische Ethik, 341.
[77] Leitlinien, 39.
[78] *Körtner*, aaO. 95.
[79] *Kreß*, Gemeinsame Erklärungen, aaO. 130.

Staat und Gesellschaft“[80], wie sie EKD und DBK in ihrem Gemeinsamen Wort „Für eine Zukunft in Solidarität und Gerechtigkeit“ (1997) unternommen haben.

4. Das Christliche und das Humanum

Auf katholischer Seite gewann die Frage nach dem Proprium christlicher Ethik und seiner argumentativen Vermittelbarkeit durch das Erscheinen der Enzyklika „Humane vitae“ über die rechte Ordnung der Weitergabe des menschlichen Lebens (1968)[81] an Schärfe. Im Grunde prägt die Auseinandersetzung mit den durch die Enzyklika aufgeworfenen Fragen die Auseinandersetzungen in katholischer Moraltheologie bis heute[82].

Das Konzil hatte den Eheleuten eine eigenverantwortliche Geburtenplanung zugestanden und Offenheit auf Nachkommenschaft nur noch für die Ehe in ihrer Gesamtheit, nicht mehr für jeden ehelichen Akt gefordert. Papst *Paul VI.* bekräftigt dagegen, die Kirche habe immer gelehrt, „daß jeder eheliche Akt von sich aus auf Erzeugung menschlichen Lebens hingeordnet bleiben muß“ (HV 11). Mann und Frau hätten sich an die „Zeugungsgesetze“ (13) zu halten und bei jedem ehelichen Akt den Zusammenhang von liebender Vereinigung und Fortpflanzung zu wahren. Kontrazeptive Akte seien immer in sich schlecht[83], ungeachtet der Umstände und Absichten (14). Da der Papst Gehorsam forderte „nicht so sehr wegen der beigebrachten Beweisgründe als vielmehr wegen des Lichtes des Heiligen Geistes, mit dem besonders die Hirten der Kirche bei

---

[80] Für eine Zukunft in Solidarität und Gerechtigkeit. Wort des Rates der EKD und der Deutschen Bischofskonferenz zur wirtschaftlichen und sozialen Lage in Deutschland, 1997, Vorwort.

[81] Zur Entstehungsgeschichte und Problematik *Christoph Götz*, Medizinische Ethik und katholische Kirche (St. z. Moralth. 15), Münster-Hamburg-London 2000, 40-47.

[82] Eine evangelische Würdigung bei *Wolfgang Nethöfel*, Moraltheologie nach dem Konzil (KiKonf 26), Göttingen 1987.

[83] Der Begriff kommt nicht vor (es heißt nur: „respuendus est actus“), doch ist diese Qualifikation gemeint. Die strengen Verurteilungen von „Casti connubii“ werden allerdings nicht wiederholt. Vgl. *Bernhard Fraling*, Sexualethik, Paderborn-München-Wien-Zürich 1995, 202.

der Darlegung der Wahrheit ausgestattet sind" (28), waren folgende Fragen aufgeworfen: Wie verhält sich die biblisch-theologische Begründung zu den Rationalitätsstandards weltlicher ethischer Vernunft? Gibt es „immer in sich schlechte" Handlungen? Welche Bedeutung haben empirische (bzw. als „natürlich" behauptete) Gesetzmäßigkeiten für moralisches Handeln? Mit welcher Autorität kann die Kirche sich zu ethischen Fragen äußern?

Vor ähnlichen Fragen steht von der Sache her auch die evangelische Ethik[84]. Die Antworten, die sie findet, berühren sich in manchem mit entsprechenden katholischen Konzepten; doch zeigen sich auch divergierende Argumentationslinien, vor allem in der Frage des Naturrechtsverständnisses und der kirchlichen Autorität.

a) Autonome Ethik aus christlichem Glauben

Eine erste Antwort auf HV war das erstmals von *Alfons Auer* erarbeitete Programm einer „autonomen Moral in christlichem Kontext"[85], die das eigenverantwortlich in unvertretbarer Gewissensentscheidung handelnde christliche Subjekt ins Zentrum stellt. Christen treffen ihre Entscheidung im Sinnhorizont des Glaubens, aber die Normfindung selbst ist Aufgabe der Vernunft. So wenig Christen eine eigene Physik haben, so wenig kennen sie eine Ethik, die sich nicht argumentativ begründen ließe. Um der Universalität des Sittlichen willen wendet sich Auer gegen eine autoritativ auferlegte kirchliche Moral, die bei Nichtnachvollziehbarkeit ihrer Begründungen zu einer Sondermoral zu verkommen drohe.

---

[84] Da im Folgenden zunächst nur eine durch das Gegenüber zur katholischen Moraltheologie bestimmte Auswahl von Typen vorgestellt wird und weitere evangelische Ansätze im Zusammenhang mit den Sachfragen des dritten Teils (z. B. die Ethik des Gebotes Gottes unter „Kasuistik") zur Sprache kommen, sei für einen Gesamtüberblick verwiesen auf *Christofer Frey*, Die Ethik des Protestantismus von der Reformation bis zur Gegenwart (GTB 1424), Gütersloh 1989; *Wolfgang Erich Müller*, Evangelische Ethik, Darmstadt 2001, 22-79, verwiesen.

[85] *Alfons Auer*, Autonome Moral und christlicher Glaube, Düsseldorf 1971; *Dietmar Mieth*, Autonome Moral im christlichen Kontext, Orient. 40, 1976, 31-34.

Das Humanum geht dem Christlichen voraus. Es gibt keine besondere christliche Materialethik, soweit es um das Handeln in der Welt, das „Weltethos", geht. Das christliche Proprium liegt im Verhältnis zu Gott: Zum „Heilsethos" gehören spezifische Vollzüge, in denen sich die Gemeinschaft mit Gott und die Umkehr zu Glaube, Hoffnung und Liebe ausdrückt[86]. Weltethisch besitzt der Glaube eine „integrierende", „kritische" und „stimulierende" Funktion für die autonome Vernunft: Er prüft bei der ethischen Urteilsbildung die Fakten und Gesichtspunkte und deckt kritisch die in ihnen liegenden Vorentscheidungen auf; er stimuliert ethisches Bewußtsein, indem er das Gewissen schärft, die ethische Dimension einer Herausforderung bewußt macht und zur Verantwortungsübernahme befreit; dies geschieht umfassend durch Integration alles ethischen Handelns in den christlichen Sinnhorizont, in Gottes Heilsoffenbarung in Christus und die darin für die Schöpfung erschlossene Sinnzukunft. „Das Christliche liegt also vor allem in der Treue zum letzten Ziel auch dann, wenn dieses nur noch in der Kreuzesdimension zu halten ist"[87].

Mit der autonomen Moral in christlichem Kontext ist die Frage nach dem Verhältnis von Dogmatik und Ethik aufgeworfen, die auch die evangelische Theologie beschäftigt und fundamental die Frage der Zuordnung von Menschlichem und Christlichem, von Schöpfung und Erlösung betrifft[88]. Als Vertreter einer „anthropologisch-natürliche[n] Begründung der Ethik" kann sich *Martin Honecker* „sehr gut mit katholischen Kollegen verständigen, welche die Humanität [...] als vorgegebene Grundlage der Moral betrachten"[89]. Anschlußfähig ist auch das von *Hartmut Kreß* vertretene Konzept einer „normativen Verantwortungsethik", die über den Personbegriff und entsprechende Wertorientierungen christliche

---

[86] *Auer*, aaO. 185f. Zur Interpretation *Josef Schuster*, Ethos und kirchliches Lehramt (FTS 31), Frankfurt 1984, 317ff.

[87] *Furger*, Einführung in die Moraltheologie, 25.

[88] *Honecker*, Theologische Ethik, 24.

[89] *Martin Honecker*, Die Zukunft der Ökumene: verbunden im Glauben – getrennt im Handeln?, in: *Oswald Bayer u. a.*, Zwei Kirchen – eine Moral?, Regensburg 1986 (275-302) 282.

Überlieferung und ethische Vernunft argumentativ miteinander vermitteln will[90].

Christliche und nicht-christliche Ethik begegnen sich für Honecker und Kreß auf dem Boden der Anthropologie. Die christliche Anthropologie ist ein Teil der Dogmatik und gehört zugleich zur Ethik. Die in jeder Ethik implizierte „Wirklichkeitsdeutung" wird in eine Gesamtsicht von Welt, Mensch und Gott hineingestellt: „Motivation und Sinnhorizont bilden den übergreifenden Rahmen theologischer Ethik." Sofern der Glaube der Vernunft keine Inhalte vorschreibt, sie vielmehr durch Entlastung des Handelns von soteriologischer Überforderung (s. o.) zu sachlicher Argumentation befreit, kann gesagt werden: „Gerade eine bewußt rational, sachlich, vernünftig argumentierende Ethik ist in diesem Fall die Folge einer reflektierten, bewußten theologischen Grundentscheidung"[91]. Da der Glaube die Vernunft gleichsam erst zu sich selbst bringt, läßt er sich mit dem katholischen Ethiker *Wilhelm Korff* als „die Vernunft der Vernunft"[92] bezeichnen. Aus der Unterscheidung von Gesetz und Evangelium ergibt sich für Honecker die fundamentaltheologisch unerläßliche Unterscheidung der Zwei Reiche; eine Beanspruchung des Evangeliums als Norm des Welthandelns („usus practicus evangelii"), wie sie in der Lehre von der Königsherrschaft Christi angelegt sei, verkehre das Evangelium in Gesetz und die christliche Freiheit in Gesetzlichkeit[93].

In der Diskussion um Auers Konzept wurde kritisiert, daß es unter dem Eindruck von HV und in Abwehr gegen eine lehramtliche Tendenz zur Theologisierung der Moral primär auf Sicherung der Rationalität (und damit der Kommunikabilität) des Sittlichen abziele und von einem normativen Blickwinkel beherrscht werde. Auch Honeckers ethische Theorie traf der Vorwurf eines Ausfalls der „Dimension des Geistes und des geistbestimmten Lebens" zugunsten eines einseitig

---

[90] *Hartmut Kreß*, Verantwortungsethik als Ethik der Person, in: *ders./Wolfgang Erich Müller*, Verantwortungsethik heute, Stuttgart-Berlin-Köln 1997 (115-238) 125.

[91] *Honecker*, Theologische Ethik, 22. 82.

[92] *Wilhelm Korff*, Reale Chancen der Versöhnung, in: *Burkhard Gladigow* (Hg.), Religion und Moral, Düsseldorf 1976 (136-148) 148.

[93] *Honecker*, Sozialethik, 74. 30. 64.

„begründungsorientierten" Ethikverständnisses[94], das allerdings einen Trend der Gesellschaft darstelle[95]. Das Problem der Kommunikabilität sei nicht lösbar durch Verzicht auf Auslegung des christlichen Ethos und Ausblendung des spezifischen Wahrnehmungs- und Begründungszusammenhangs christlicher Ethik, zu dem „die Teilhabe an dem für sie konstitutiven ‚wir' der christlichen Gemeinde" gehöre[96]. Welche Rolle der neue Mensch in Christus für die Inhalte der Ethik spielt, bleibe unklar[97].

b) Gott als Bedingung der Möglichkeit menschlicher Freiheit

Ging es bei dem bisher vorgestellten Konzept vornehmlich um die Vermittlung der christlichen Ethik mit den Rationalitätsstandards weltlicher Vernunft, so setzt *Franz Böckles* Konzept „theonomer Autonomie" tiefer an bei der Frage nach dem Grund sittlicher Verpflichtung überhaupt. Auf evangelischer Seite weisen Überlegungen von *Wolfhart Pannenberg* und *Trutz Rendtorff* bei allen Unterschieden in eine ähnliche Richtung.

Die neuscholastische Gnadentheologie hatte vor das Grundproblem geführt, wie gleichzeitig die Hinordnung der Natur auf die Gnade und die Ungeschuldetheit der Gnade gedacht werden könne. Weder durfte die Gnade als ein Anspruch der andernfalls unvollständigen Natur noch als eine letztlich beziehungslose, ‚extrinsezistische' Hinzufügung eines zweiten ‚Stockwerks' zur Natur gedacht werden. Die ‚transzendentaltheologische' Aufgabe, wie sie erstmals von dem französischen Philosophen *Maurice Blondel* (1861-1946) ins Auge gefaßt wurde, bestand somit in einer Analyse des wollenden und handelnden Menschen, die zu zeigen hatte, „daß die höchste Anstrengung seiner Natur im Geständnis besteht,

---

[94] *Fischer*, Theologische Ethik, 90; vgl. unten unter d).

[95] In dieser Beurteilung stimmen hermeneutische (*Dietmar Mieth*, Norm und Erfahrung, ZEE 37, 1993 [33-45] 34) und kommunitaristische Ethiker (*Stanley Hauerwas*, Selig sind die Friedfertigen [Ev. u. Ethik 4], Neukirchen-Vluyn 1995, 44. 65f. 185-195) überein.

[96] *Fischer*, aaO. 73; *ders.*, Handeln als Grundbegriff christlicher Ethik (ThSt 127), Zürich 1983, 66.

[97] *Frey*, aaO. 52.

etwas, das ihn übersteigt, zu brauchen". Als „umsonst gewährte" muß die übernatürliche Gnade zugleich notwendig, d. h. „den tiefsten Anforderungen der Natur angemessen sein"[98]. *Karl Rahners* Transzendentaltheologie löst die Aufgabe mit dem Theorem des „übernatürlichen Existentials": Der Mensch ist in jedem Akt der Zuwendung zu einzelnem Seienden immer schon über alles Seiende hinaus und existiert im Vorgriff auf Begegnung mit unbedingtem Sein als der *transzendentalen* Möglichkeitsbedingung jedes bewußten Gegenstandsbezugs im *kategorialen* Bereich. Sofern diese radikale Geöffnetheit auf ein mögliches Gotteswort inkarnatorisch immer schon von der Selbstmitteilung der Gnade ermöglicht und getragen ist, stellt Gnade für Rahner ein „übernatürliches Existential" des Menschen dar. Wo immer ein Mensch sich als Wesen von Freiheit und Verantwortung annimmt und so zu sich selbst kommt, verhält er sich implizit zum sich selbst mitteilenden Gott[99].

Ähnlich wie Rahner versteht *Böckle* den Menschen als transzendentale Freiheit, die über alle einzelnen Objekte immer schon hinaus ist und auf vollkommene Freiheit vorgreift, die sie allein zu erfüllen vermag, d. h. auf Gott als „das letzte Woraufhin des Eröffnetseins endlicher Freiheit" und als „letzte[n] Grund sittlicher Beanspruchung". Was wir unbedingtes Sollen nennen, ist „nichts anderes als die Abhängigkeit eines personal-freien Selbst, das in dieser seiner Freiheit total beansprucht ist, über diese Freiheit zu verfügen. Das Dasein unter dem Sollensanspruch erweist sich theologisch als die notwendige Verfassung des Menschen, der sich nicht sich selbst verdankt, sondern sich als Kreatur konstituiert weiß." Theonome Autonomie schließt aus, daß Gott als Gesetzgeber dem Menschen heteronom von außen moralische Gebote auferlegt. „Wir brauchen Gott nicht, um Erlaubnisse oder Verbote zu geben; aber wir sind überzeugt, daß erst die Anerkennung der Schöpfung und des Wissens um unsere Geschöpflichkeit die Pflicht zum vernunftmäßigen Vollzug der Freiheit begründet"[100].

---

[98] *Maurice Blondel*, Tagebuch vor Gott (1883–1894). Übertragen von Hans Urs v. Balthasar, Einsiedeln 1964, 580. 582.

[99] *Karl Rahner*, Grundkurs des Glaubens, Freiburg-Basel-Wien [1976] Sonderausg. 1984, 122-139.

[100] *Franz Böckle*, Fundamentalmoral, München 1978², 19f. 80-86. 290.

Sofern die Schöpfungswirklichkeit in das Christusgeheimnis aufgenommen ist, erlaubt der transzendentaltheologische Ansatz auch eine anthropologische Begründung der Sakramente, z. B. des Ehesakraments. In der Ehe als Höchstform der „Selbsttranszendenz in Freiheit", als „Verfügung der ganzen Person auf eine andere hin", ist die Hoffnung auf Gott impliziert als die Macht, die solche Selbstüberschreitung trägt und ermöglicht. Wo immer Treue gelingt, ist Gottes Gnade am Werk und wird durch sie zugleich vergegenwärtigt. Sobald dieses gleichsam namenlose Handeln in der Ehe von Christen die kirchliche Öffentlichkeit erreicht, erhält es sakramentale Gestalt, in der die Situation des Brautpaars als hoffender Ausgriff auf Gott als tragenden Sinngrund sich selbst durchsichtig wird[101].

Auf evangelischer Seite hat *Wolfhart Pannenberg* im Horizont der Sinnfrage christlichen Gottesglauben und menschliche Freiheit in ein transzendentales Bedingungsverhältnis gesetzt. In Auseinandersetzung mit *Gerhard Ebeling*, der über die „Evidenz des Ethischen" einen Zugang zum Evangelium als der „Sache der Theologie" sucht[102], hält Pannenberg es für die erste Aufgabe der Theologie, Gott und sein kommendes Reich zu denken, um von hier aus der neuzeitlichen Krise des Ethischen zu begegnen. Indem der christliche Glaube als Angebot endgültiger Sinnerfüllung seine Relevanz für die Moderne erweist, wächst zugleich den Kirchen eine Legitimierungsfunktion für die Gesellschaft zu. Da nach Pannenbergs Überzeugung die gegenwärtigen gesellschaftlichen Krisen „im Verlust des religiösen Fundaments sittlicher Verpflichtung und der Autorität des Rechtes" wurzeln, bleibe die moderne säkulare Gesellschaft ohne „religiös begründete Legitimität" gefährdet[103].

Trutz Rendtorff vertritt zwar im Unterschied zu Pannenberg den Primat der Ethik als Integrations- und Grundwissenschaft vor der Dogmatik und verbindet sein Konzept einer „ethischen Theologie" mit der kulturoptimistischen These, daß das

---

[101] *Franz Böckle*, Ehe und Ehescheidung, in: HcE II 117-135.
[102] *Gerhard Ebeling*, Die Evidenz des Ethischen und die Theologie, in: *ders.*, Wort und Glaube, Bd. 2, Tübingen 1969 (1-41) 11.
[103] *Wolfhart Pannenberg*, Anthropologie in theologischer Perspektive, Göttingen 1983, 459. 462.

Christentum in sein „ethisches Zeitalter“ eingetreten sei und das Christliche sich auch institutionell in die Gesellschaft eingesenkt habe. Er teilt aber den transzendentaltheologischen Ansatz, der das Christliche über die Frage nach den Bedingungen der Konstitution des Menschen als ethisches Subjekt ins Spiel bringt. Der Glaube gilt als elementare „Form ethischer Reflexivität“ und bringt einen „Schutz von Unmittelbarkeit“ mit sich[104]. Denn „um in einer selbständigen ethischen Verantwortung anerkannt werden zu können“, muß der Mensch „auch von seinem Handeln noch [...] unterschieden werden können“[105]. Ohne solchen „Indikativ der Freiheit gegenüber dem Sollensdruck unmittelbarer Handlungssituationen“ könnte der Mensch sich nicht als „ethisches Subjekt“ verstehen. Ihm diesen Freiraum zwischen seinem begrenzten Können und dem Gelingen seines Lebens zu eröffnen, ist die Funktion des Glaubens, wie er in der reformatorischen Rechtfertigungslehre zur Sprache gebracht wird. In gleicher Weise kann die christliche Eschatologie mit ihrem Symbol des Reiches Gottes als vorausliegender Verwirklichung des Guten funktional als Ermöglichung von Ethik durch Begründung von Handlungsfreiheit ausgelegt werden[106].

In Rendtorffs Theorie des Christentums „wird ‚Ethik‘ zum Titel für die Orientierung der Theologie an den Bedingungen der Moderne“. Christliche Deutungsmuster seien „in der Struktur des Ethischen auch dort noch präsent, wo von einer religiösen Deutung bewußt abgesehen wird“[107]. Sofern etwa moderne Verfassungen den Menschen als Subjekt der Freiheit in Anspruch nehmen und aus seiner Würde fundamentale vor-staatliche Freiheitsrechte ableiten, verweisen sie auf die christliche Freiheitsvorgabe, sodaß Rechtfertigung aus Glauben und die Entwicklung jener Freiheitsrechte „wie zwei Teile eines Ganzen zusammen[gehören]“[108]. Die Kirche würde nur

---

[104] *Rendtorff*, aaO. 96. 60.

[105] *Trutz Rendtorff*, Theologische Problemfelder der christlichen Ethik, in: HcE II (199-216) 212.

[106] *Rendtorff*, Ethik, Bd. 1, 60. 180f.

[107] Ebd. 43. 12.

[108] *Trutz Rendtorff*, Menschenrechte und Rechtfertigung, in: *Dieter Henke/Günther Kehrer/Gunda Schneider-Flume* (Hg.), Der Wirklichkeitsanspruch von Theologie und Religion (FS Ernst Steinbach), Tübingen 1979 (161-174) 170.

den Atheismus fördern, wenn sie überall dort, wo sie nicht das Sagen hat, die Abwesenheit Gottes annehmen und beklagen würde. Vielmehr impliziert die vom Menschen geforderte Stellungnahme zum „Gegebensein des Lebens“ immer schon „eine elementare Verpflichtung des Menschen zur Religion“. Die Kirche wird damit zur „Sachwalterin der religiösen Lebensform“, zu der die „Präsenz Gottes in der Wirklichkeit der Welt des Menschen“ verpflichtet[109].

Das Frage der Kommunikabilität des Christlichen ist bei Rendtorff so gelöst, daß die Kirche als „Institution der Freiheit“ mit ihrer Rechtfertigungsbotschaft diejenige Vorgabe repräsentiert, deren das ethische Subjekt bedarf. In der modernen europäischen Gesellschaft hat das Christliche eine Gestalt erreicht, in der es unter den Bedingungen der Neuzeit allein kommunikabel ist und zugleich zu sich selbst gelangt. Kritiker werfen Rendtorff einen „Europäismus“[110] vor, der zugleich der Fiktion Vorschub leiste, daß in der neuzeitlichen Gesellschaft alles Wirkliche nicht nur wie bei Hegel vernünftig, sondern christlich sei[111]. Das strukturell zum Gemeingut gewordene Christliche verliert an Schärfe; eine besondere christliche Ethik würde die Präsenz des Christlichen in der gesellschaftlichen Realität gerade verleugnen. Wenn sich nach Rendtorff jede politische Partei „christlich“ nennen könnte, die das Prinzip des freiheitlich-demokratischen Rechtsstaates bejaht, dann zeigt sich „der kritische Punkt basis-ethischer Bestimmungen, die sich neuzeitlich als Christentumsgeschichte reflektieren [...]: die Eigenart einer ‚christlichen‘ Position wird durch Unschärfe entbehrlich“[112].

c) Das „Handbuch der christlichen Ethik“

Ein Spiegel der veränderten ökumenischen Situation und der zeitgenössischen Diskussionslage der theologischen Ethik ist das zunächst in zwei Bänden 1978 erschienene, dann 1982

---

109 aaO. Bd. 2, 37. 40.

110 *Christofer Frey*, Zum Thema der Vernunft in der evangelischen Ethik, ZEE 25, 1981 (197-217) 205; *ders.*, Theologische Ethik, 39.

111 *Jürgen Moltmann*, Der gekreuzigte Gott, München 1972, 69f.

112 *Hermann Deuser*, Liberale Theologie: Zu Trutz Rendtorffs „Ethik“, EvTh 43, 1983 (290-297) 295.

um einen dritten Band vermehrte HcE, das 1993 nochmals eine Aktualisierung erfahren hat[113]. Das Erscheinen der ersten Bände fiel in eine Phase intensiver metaethischer Diskussion, bei der die Rationalität ethischer Aussagen überhaupt und die Möglichkeit, Normen in einem geregelten Verfahren nachvollziehbar zu begründen, im Vordergrund stand. Wobei die christliche Ethik zusätzlich mit der Aufgabe konfrontiert war, unter den Bedingungen der aufgeklärten Moderne „die orientierende Kraft der christlichen Botschaft in den Bezugsfeldern humaner Verantwortung von der jeweiligen Sache selbst her einsichtig zu machen“[114]. Unter der Dominanz des Begründungs- und Methodenproblems waren die existenzielle Dimension des Ethischen, die Frage nach dem Subjekt und damit das Problem des Gewissens, der Grundentscheidung, des Kompromisses und der Schuld unberücksichtigt geblieben, die einen dritten Band erforderlich machten, der aber auch Sachthemen der Sozialethik und der Medienethik aufgreift.

Die über 60 Beiträge römisch-katholischer und evangelischer Autoren bewegen sich mehrheitlich auf der Mittellinie einer anthropologisch-natürlichen Begründung der Ethik, wie sie sich aus den beiden bisher vorgestellten Ansätzen ergibt. Offenbart sind nicht die Normen selbst, sondern ein Bild des Menschen, das Güter und Werte enthält, an denen sich die Normfindung zu orientieren hat. Die von dem katholischen Ethiker *Wilhelm Korff* für die Normen gebrauchte Bezeichnung „Artefakt“[115] löste bei einigen katholischen Theologen und Bischöfen Bestürzung aus und mußte weiterer Klärung im Abschlußband zugeführt werden. Unterschieden wird zwischen dem Legitimationsgrund einer Norm, der anthropologisch und theologisch verankert und selbst nicht artifizieller Natur ist, und der konkreten Anspruchsgestalt, deren Findung nicht ohne die Leistung der Vernunft zustande kommt: „genau insoweit sie positives Resultat von deren ordnender

---

[113] *Anselm Hertz/ Wilhelm Korff/ Trutz Rendtorff/ Hermann Ringeling* (Hg.), Handbuch der christlichen Ethik. Aktualisierte Neuausgabe, 3 Bde., Freiburg-Basel-Wien 1993.
[114] Einführung der Herausgeber zur Neuausgabe, in: HcE I 8.
[115] Ebd. I 115.

Kraft ist, wird der Ausdruck ‚Artefakt' zur Kennzeichnung verwendet"[116].

Ein katholischer Beitrag von *Dieter Faßnacht*, der die biblischen und kirchlichen Sexualnormen als „kaum brauchbar" bezeichnete und als einzige Basis für die Findung neuer sexualethischer Normen „nur das Gebot der absoluten Gottes- und Nächstenliebe", nicht aber eine sogenannte „Natur" anerkennen wollte und damit der 1975 formulierten Lehramtsposition (s. u.) direkt widersprach, mußte 1993 ganz zurückgezogen werden. Auch ein dezidiert aus christologischer Perspektive argumentierender Beitrag von *Christofer Frey* wurde durch Überlegungen von *Walther Chr. Zimmerli*/*Stefan Wolf* ersetzt, welche die spezifisch christlichen materialen Werte als individuelle, religiöse Präferenzen einem allgemeinen problemorientierten, Dissens ermöglichenden Verfahrensmodell einfügen[117].

Da die Kritik der ‚autonomen Moral' noch genauer darzustellen ist, soll hier nur auf einige das HcE direkt betreffende Einwände hingewiesen werden. Kritisiert wurden die Konzentration auf Fragen der Normbegründung und die Vernachlässigung der sakramentalen Gnade, ohne die für Katholiken die Berufung zur Heiligung und die Entwicklung einer christlichen Persönlichkeit nicht denkbar ist. Für ein ökumenisch inspiriertes Werk sei die spärliche Berücksichtigung der religiösen Dimension unangemessen; Themen wie Gebet und Entscheidung seien völlig übergangen[118]. Erst recht erschien Vertretern der konventionellen Moraltheologie wie *Gustav Ermecke* wegen der fehlenden sakramentalen Basis „eine ökumenische, katholisch-protestantische wissenschaftliche Sittlichkeitslehre" nach Art des HcE „nicht möglich", in Frage komme allenfalls praktische Zusammenarbeit im Dienst der Nächstenliebe[119].

---

[116] Ebd. III 564.
[117] Ebd. I 316.
[118] *Klaus Demmer*, Ethik vor dem Forum der kritischen Vernunft, ThRv 75, 1979, 441-450; *Häring*, Frei in Christus, Bd. 1, 41. 101. 253 (auch gegen *Bruno Schüller*, Die Begründung sittlicher Urteile, Düsseldorf 1980²).
[119] *Gustav Ermecke*, Zur Bestimmung der Lage in der katholischen Moraltheologie und zum Problem einer Fundamentalmoral, MThZ 30, 1979, 33-44.

Bestritten wurde ferner die Zuordnung von Glaube und Vernunft in der Durchführung der theonomen Autonomie. Der Glaube habe es nie mit neutraler, reiner Vernunft zu tun. Er leiste einer progressiven Säkularisierung der innerweltlichen Lebensbereiche Vorschub, wenn er sich auf den von der Aufklärung behaupteten Allgemeinbegriff von Natur und Vernunft einlasse. Man wisse nicht vorgängig zum Glauben, was eine vollendete humane Moral ist (*Demmer*). In der Kritik des bürgerlichen Vernunftbegriffs trafen sich evangelische und katholische Kritiker: „In früheren Moralen wurde die Jesus-Botschaft dadurch um ihre Radikalität gebracht, daß sie mit einer als unflätig zu bezeichnenden Kasuistik verstellt wurde. Heute wird das Evangelium vor das Forum der bürgerlichen Vernunft gezogen. [...] Das thomistisch-aufklärerische Gebaren ist abgelegt. An seine Stelle tritt der durchaus trendkonforme Schein der Weltoffenheit, des lernbar-vernünftigen Diskurses und der wissenschaftlichen Künstlichkeit. [...] Die Botschaft wird zwar offen, aber das unterscheidend Christliche geht voll in die postulierte Rationalität ein“[120].

Vermißte die katholische Kritik die kirchlich-sakramentale Einbettung der christlichen Moral, so sahen manche evangelische Kritiker den ökumenischen Konsens mit einer Vernachlässigung reformatorischer Kriterien erkauft.

Im Programm theonomer Autonomie, wie es Böckle und Rendtorff vertreten, sieht *Oswald Bayer* einen „katholisch-neuprotestantischen Konsens“. Das katholische Verhältnis von Natur und Gnade werde neuzeitlich in die Frage nach dem Verhältnis von menschlicher und göttlicher Freiheit transponiert; in diesem Rahmen soll das reformatorische Verständnis der Rechtfertigung im neuzeitlichen Lebenszusammenhang zur Geltung gebracht werden. „Der dem Menschen Freiheit zusagende und von ihm Verantwortung fordernde Gott verblaßt zur Bedingung der Möglichkeit menschlicher Freiheit.“ Die „Libertas christiana“ kann das neuzeitliche Freiheitsverständnis nur noch stützen, nicht mehr in Frage stellen[121]. Die

---

[120] *Gonsalv K. Mainberger*, in: Neue Zürcher Zeitung vom 10. März 1979; weitere ähnliche Urteile im Nachwort zur Neuausgabe, in: HcE III 559f.

[121] *Oswald Bayer*, Die Ehe zwischen Evangelium und Gesetz, ZEE 25, 1981 (164-180) 169; *ders.*, Freiheit im Konflikt. Evangelische Sozialethik als Verantwortungsethik, EK 24, 1991, 522-526.

Erkenntnis der Sünde und die Erfahrung der Vergebung sprenge aber „jede dem Menschen von Natur aus mögliche Lebensführung, also jede Moral und damit auch jedes Verständnis der Ethik als Theorie menschlicher Lebensführung"[122]. Auch *Gerhard Sauter* fragt nach dem Verhältnis von transzendentaler Freiheitslehre und der in reformatorischer Verkündigung zugesagter Freiheit. Die Verknüpfung von Ethik und Sinnfrage, von Einsicht und Glaube, die das HcE im Vorwort in Anspruch nehme, werde möglicherweise von Katholiken und Protestanten nicht in gleicher Weise vollzogen[123].

d) Immanente Korrekturen der autonomen Moral

Die Kritik an einem einseitig ‚normativistischen' Verständnis von Ethik bildet, wie bereits angedeutet, den gemeinsamen Nenner einer Reihe von Ansätzen, die sich aber an der Frage scheiden, ob sie ihre Kritik als immanente Korrektur der Autonomie entwickeln oder sich dezidiert als Antithese zu ihr verstehen wie die im nächsten Kapitel darzustellende katholische Glaubensethik. Letztere kritisiert weniger die Dominanz der normativen Fragestellung als solcher; sie bestreitet den Weg, auf dem materiale Normen in der autonomen Moral begründet werden.

Hermeneutisch orientierte Fundamentalmoral

Der emeritierte Moraltheologe der Gregoriana *Klaus Demmer* teilt mit der autonomen Moral das Anliegen der Kommunikabilität, bestreitet aber deren abstrakte Gegenüberstellung von Glauben und Vernunft[124]. Ihre Sicht des Sittlichen arbeite mit einer objektivistischen Erkenntnistheorie und denke das Christliche als etwas zum Menschlichen Hinzukommendes,

---

[122] *Oswald Bayer*, Nachfolge in der Welt. Luthers seelsorgerliche Ethik, in: *ders. u. a.*, Zwei Kirchen – eine Moral? (53-75) 55.

[123] *Gerhard Sauter*, Ethik einer christlichen Welt, EvTh 43, 1983, 297-303.

[124] Zur Diskussion zwischen *Böckle* und *Demmer* vgl. *Christof Mandry*, Ethische Identität und christlicher Glaube, Mainz 2002, 20-68.

nicht anders als die neuscholastische Naturrechtstheorie. Nachdem die Offenbarung bei *Böckle* transzendentaltheologisch ihre Schuldigkeit in der Begründung sittlicher Autonomie getan habe, betreibe die theologische Ethik ihr Geschäft der Normbegründung ununterscheidbar von säkularer Ethik. Der Glaube als das Innerste des Menschen übe jedoch „eine Wirkungsgeschichte auf die Vernunft“[125] aus, die weder auf Motivation beschränkt noch als Sinnhorizont zureichend erfaßt werden könne. Ebenso dürfe die Propriumsfrage nicht auf die Frage christlicher Sondernormen verengt werden.

In Demmers Definition der Moraltheologie ist das Theologische stärker betont. Sie ist „wissenschaftliche Lehre von Gottes Heilshandeln am Menschen, welches in seiner Bedeutsamkeit für das sittliche Handeln des Menschen verstehend aufgeschlüsselt und argumentativ vorgelegt wird“[126]. Die ethische Relevanz der Heilsberufung in Christus kann nicht durch Integration des Christusereignisses in eine vorausgesetzte übergeschichtliche moralische Universalität erschlossen werden. Vielmehr trägt das Jesusgeschehen „die Kriterien seines Verstehens in sich selbst und nicht in einer allgemein zuhandenen Menschheitsvernunft“[127].

So ist auch „Natur“ für Demmer ein geschichtliches Konstrukt der vom Glauben bestimmten Vernunft, ein Ineinander von Natur im Sinne des natural Vorgegebenen und ihrer Deutung im Licht der entwerfenden Sinneinsicht. Natur als solche hat keine moralische Sprache. Die empirische Natur geht ein in das „Projekt der Freiheit“[128], als „‚Rohmaterial‘ für den Deutungsakt“ des moralischen Subjekts[129]. Die durch den

---

[125] *Klaus Demmer*, Die autonome Moral – eine Anfrage an die Denkform, in: *Adrian Holderegger* (Hg.), Fundamente der theologischen Ethik, Freiburg i. Ue/Freiburg i. Br. 1996 (261-276) 262.

[126] *Klaus Demmer*, Das Selbstverständnis der Moraltheologie, in: *Wilhelm Ernst* (Hg.), Grundlagen und Probleme der heutigen Moraltheologie, Würzburg 1989 (9-25) 10.

[127] *Klaus Demmer*, Hermeneutische Probleme der Fundamentalmoral, in: *Dietmar Mieth/Francesco Compagnoni* (Hg.), Ethik im Kontext des Glaubens, Freiburg i. Ue./Freiburg i. Br. 1978 (101-119) 110.

[128] *Klaus Demmer*, Die Wahrheit leben. Theorie des Handelns, Freiburg-Basel-Wien 1991, 77.

[129] *Klaus Demmer*, Sittlich handeln aus Verstehen. Strukturen hermeneutisch orientierter Fundamentalmoral, Düsseldorf 1980, 66.

Glauben erleuchtete Vernunft „bleibt zwar immer Vernunft, aber sie operiert unter geänderten transzendentalen Bedingungen. Indem sie anthropologische Ziel- und Leitvorstellungen des Glaubens in die gemeinsame menschliche Natur als Vorgegebenheit hineinprojiziert, erstellt sie die Bedingungen für Normativität“[130]. Damit entfällt die Möglichkeit, über einen wesensmetaphysischen Naturbegriff, an der Vision des in Jesus Christus vollendeten Menschen vorbei, normative Evidenz für die christliche Ethik zu behaupten.

Modellethik

Auch *Dietmar Mieths* narrative Modellethik[131] ist primär keine normative Ethik des richtigen Handelns. Gegenüber Demmer betont er aber, daß sich die Wirkungsgeschichte des Glaubens auf die Vernunft nicht über die Glaubensinhalte, sondern primär über die glaubenden Subjekte und damit im Medium der Vernunft selbst vollzieht. Auf dem Boden dieses mit der autonomen Moral geteilten Ansatzes sucht Mieth die Relevanz einer eher subjektiven Lebenserfahrung, in der Glaube und Vernunft eine Synthese eingehen, für Theorie und Praxis einer theologischen Ethik fruchtbar zu machen. Der einseitig nach Richtigkeit des Verhaltens fragenden „Sollensethik“ stellt er eine „Haltungsethik“ gegenüber, die darum auch einer anderen Hermeneutik bedarf. Nicht argumentativ, sondern narrativ und aus der Dichtung schöpfend bietet sie Erfahrungsgestalten, die als Förderungsgestalten Weisung und Kraft zu nachahmender Lebensgestaltung geben können, sodaß dann auch von „Tugenden“ im Sinne von Lebensstilen und Haltungsbildern gesprochen werden kann[132]. Diese Modellethik darf freilich nicht gegen die normative Ethik ausgespielt oder als systematische Ethik mißverstanden werden, wenn es nicht zu einer kriterienlosen Moral ohne Normen

---

130 *Klaus Demmer*, Moraltheologische Methodenlehre, Freiburg i. Ue./ Freiburg-Wien 1989, 74.

131 Vgl. die Darstellung bei *Birgit Schneider*, „Wer Gott dient, wird nicht krumm.“ Feministische Ethik im Dialog mit Karol Wojtyla und Dietmar Mieth, Mainz 1997, 169-198.

132 *Dietmar Mieth*, Was wollen wir können?, Freiburg-Basel-Wien 2002, 55.

kommen soll. Sie versteht sich vielmehr als „inneres Korrekturmoment“[133] einer normativen Ethik, sofern sie zu kreativer Nachfolge befähigen will. „Während die Normethik primär an der Findung von Normen, d. h. von gültigen Sollenssätzen innerhalb gegebener ethischer Entscheidungsfragen interessiert ist, also im wesentlichen Anwendungsethik bleiben muß, ist die Modellethik primär daran interessiert, menschliche Haltungen zu ermöglichen“[134].

Neue Tugendethik

Versteht man unter Tugend „Handlungsfähigkeit [...], die sich als bewegende Kraft zum Tun des Guten darstellt“, durch die der Mensch „das, was sein soll, aus Freiheit und deshalb mit spontaner Leichtigkeit, individueller Sicherheit und Freude tut“[135], dann liegt in der Konsequenz des reformatorischen Ansatzes eine „Ethik geistbestimmten Lebens“ (*Johannes Fischer*), die sich auch als eine „protestantische Tugendethik“ (*Konrad Stock*) betrachten läßt. Die Zurückhaltung der Reformation gegenüber dem Tugendbegriff ist im Kontext ihrer Ablehnung einer aristotelisch geprägten Strebensethik zu sehen. Der Verdacht richtete sich gegen die Unterbringung des Glaubens im hochscholastischen Tugendschema, das eine Kontinuität christlichen Lebens zu suggerieren schien, die sich einer – sei es auch durch die Gnade gewirkten – Disposition des Menschen und nicht immer neuer Überwindung ihrer Brüche durch die im Glauben widerfahrende Macht Gottes zu verdanken schien[136]. Konsequent hat im Protestantismus die Pflichtethik Kants die tugendethischen Möglichkeiten der reformatorischen Lehre vom Wirken des Geistes verdrängt. Die Wort-Gottes-Theologie des 20. Jahrhunderts fand zwar wieder den Anschluß an die reformatorische Tradition; doch die „frohe Befreiung zu freiem, dankbarem Dienst an seinen

---

[133] *Dietmar Mieth*, Dichtung, Glaube und Moral, Mainz 1976, 81.
[134] *Dietmar Mieth*, Moral und Erfahrung. Beiträge zu einer theologisch-ethischen Hermeneutik (Stud. z. theol. Ethik 3), Freiburg 1977³, 83.
[135] *Konrad Stock*, Grundlegung der protestantischen Tugendlehre, Gütersloh 1995, 11.
[136] *Lange*, aaO. 262.

[= Gottes] Geschöpfen"[137] schlug sich nicht in einer Tugendethik nieder. Das richtende und rechtfertigende Wort sollte den Menschen „je neu" treffen, das „ethische Ereignis" des Gebotes Gottes war Begegnung mit dem aktual gebietenden Gott selbst[138]. Ergiebiger für eine evangelische Tugendethik erscheint Rendtorffs Verständnis von Ethik als „Theorie der menschlichen Lebensführung", doch wird hier die Bedeutung der Kommunikationsgemeinschaft Kirche für die Bildung des christlichen Ethos nicht ausreichend in den Blick genommen.

Stock erinnert daran, daß die Reformation das erleuchtende Werk des Geistes nicht exklusiv an das äußere Wort gebunden hat, sondern auch von einem ‚Sehen' Gottes im Bild des Gekreuzigten sprechen konnte. Das Bleiben in der Kommunikationsgemeinschaft Kirche wäre insofern die notwendige Bedingung für das Werk des Heiligen Geistes als die hinreichende Bedingung für das therapeutische Geschehen von Gesetz und Evangelium, das am Bild des Gekreuzigten und Auferstandenen die Einheit eines Todes- und Geburtserlebnisses erfahren läßt. „Die Teilnahme am Erinnerungsprozeß der Gemeinde" ist für Stock „die Wurzel oder die ‚Mutter' aller Tugenden im Sinne einer *notwendigen* Bedingung, die allerdings auf die kontinuierliche Wirksamkeit und auf die erneuernde Kraft des Heiligen Geistes angewiesen bleibt"[139]. Von der katholischen Kombination der Tugendlehre mit der Lehre von der verwandelnden Macht der Gnade in der sakramentalen Gemeinschaft der Kirche unterscheidet sich Stocks Ansatz aber dadurch, daß für ihn die Freiheit nicht schon anthropologisch als vernünftige Selbstbestimmung auf dem Plan ist, um durch die Gnade ihre rechte Ausrichtung auf Vollendung zu empfangen, sondern sich der „theologischen Tiefenpsychologie"[140] von Gesetz und Evangelium verdankt.

---

137 Barmer Theologische Erklärung, 1934, These 2.
138 Vgl. die Kritik bei *Stock*, aaO. 14-16.
139 Ebd. 103. 118f. 146.
140 Ebd. 163.

Den Übergang von aristotelischer Strebensethik zu einer am Sollen orientierten Handlungsethik im Protestantismus beurteilt *Fischer* als einen höchst ambivalenten Vorgang. Denn er rückt das Gewissen als Urteilsinstanz ins Zentrum und mündet in eine „Autonomie ‚aus dem Gesetz'". Die Ethik gerät damit unter die Dominanz der „Handlungsperspektive" mit der Ausrichtung auf rationale, an Gründen orientierte Steuerung, wogegen christliche Ethik den Menschen in der Perspektive „geistbestimmten Lebens" wahrnimmt und behaftet[141]. Die Handlungsperspektive macht die allgemeine Ethikdiskussion zum Referenzrahmen, dem die theologische Ethik sich einzupassen hat. Sie soll Begründungen liefern und darin ihr theologisches Profil unter Beweis stellen; die normative Reflexion koppelt sich von der tugendethischen Orientierung ab. Doch nicht das Begründen, sondern das Verstehen ist die Aufgabe christlicher Ethik, die somit hermeneutischer Natur ist: Sie hat „das christliche Ethos auszulegen, sie hat es im Hinblick auf die ethischen Probleme der Gegenwart zu konkretisieren und sie muß sich zum öffentlichen Anwalt des christlichen Ethos machen und ihm mit argumentativen Mitteln und konzeptioneller Phantasie öffentliche Geltung und institutionelle Dauerhaftigkeit verschaffen". Statt das christliche Ethos in den Begriffen und Modellen der allgemeinen Ethik zu beschreiben, sucht sie es „von der ihm selbst eigentümlichen Symbolisierung der Lebenswirklichkeit her zu erfassen und dem Verstehen zu erschließen"[142].

Die christliche Wirklichkeitssicht ist der Theologie vorgegeben und kann nicht durch Begründungsleistungen erzeugt werden. Das Richtige und Gute ergibt sich aus dem, worauf christliche Existenz in der ihr eigentümlichen Freiheit der Liebe ausgerichtet ist. Andernfalls würde die theologische Ethik sich selbst an die Stelle des christlichen Ethos als Orientierungsquelle christlichen Lebens und Handelns setzen.

---

[141] *Johannes Fischer*, Leben aus dem Geist, Zürich 1994, 85-87 (mit Verweis auf *Bonhoeffers* Kritik am Gewissensbegriff). 114.

[142] *Fischer*, Theologische Ethik, 46. 71.

Fischers Ansatz beim geistbestimmten Leben überwindet so die bei einem begründungsorientierten Verständnis theologischer Ethik sich aufdrängenden Alternativen wie ‚Offenbarung oder Vernunft', ‚christologischer' oder ‚ordnungstheologischer' Zugang, die sämtlich die Quelle sittlicher Orientierung „an der falschen Stelle" lozieren: „nicht im christlichen Ethos als einem Ausgerichtetsein christlichen Lebens und Handelns, sondern in Denkmodellen mit begründender Funktion, seien sie theologischer oder allgemein-vernünftiger Art"[143]. Ebenso will Fischer den Gegensatz von Strebensethik („Tun") und Verantwortungsethik („Handeln") hinter sich lassen, indem er mit der Dimension des Geistes diejenige „Kommunikation" zur Sprache bringt, „der wir uns selbst als Tuende und Handelnde verdanken"[144]. Damit gewinnt die Frage der Wirklichkeit und ihrer Wahrnehmung Priorität: „Die Ethik des geistbestimmten Lebens ist also ihrem ganzen Wesen nach eine Ethik der Wahrnehmung"[145]. Ihr fällt beispielsweise die Aufgabe zu, die in der Gesellschaft wie in den Biowissenschaften herrschende reduktionistische Sicht von Leben aufzubrechen und den herrschenden Vernunftbegriff hermeneutisch zu befragen.

Fischers Konzept berührt sich in manchem mit der kritischen Analyse der neuzeitlichen Moral bei *Alasdair MacIntyre*, ohne dessen Lösung zu übernehmen. Als Antwort auf die Krise der neuzeitlichen Moral des autonomen Subjekts, für welche Sein und Sollen, Objekt und Werturteil auseinanderfallen, plädiert MacIntyre für eine Rückbesinnung auf die aristotelische Tugendethik und eine entelechiale Wirklichkeitsauffassung, die mit dem Sein der Dinge zugleich ihr Telos wahrnimmt, sodaß Seins- und Werturteile nicht voneinander zu trennen sind. Das Gute werde in der Zugehörigkeit zu Gemeinschaften, in einer sozialen Tradition erkannt und gelernt.

---

[143] Ebd. 64.
[144] *Fischer*, Leben aus dem Geist, 50; vgl. 32.
[145] Ebd. 206. Daß es eine Verantwortung nicht nur für die Folgen von Entscheidungen gibt, sondern auch „eine Verantwortung für unsere Selbstbilder und unsere Auffassungen von der Welt, aus der unsere Entscheidungen erst entstehen können", wendet auch *Christofer Frey* gegen eine normativistisch verkürzte autonome Moral ein (Theologische Ethik, 16. 52).

Die Identität des Subjekts ist narrativ zu bestimmen; entsprechend kann ich auch die „Frage ‚Was soll ich tun?' nur beantworten, wenn ich die vorgängige Frage beantworten kann: ‚Als Teil welcher Geschichte oder welcher Geschichten sehe ich mich?'"[146]

MacIntyres Lösungsversuch leidet aus Fischers Sicht an einem unzureichenden Verständnis für den neuzeitlichen Umbruch von der Tun- zur Handlungsethik. Nachdem die teleologische Wirklichkeitsauffassung und das sie fundierende theistische Weltbild zerbrochen sind, könne die Ethik ihre Urteile nicht mehr aus der Wirklichkeit begründen. Auch die modernen Naturwissenschaften verhelfen nicht mehr zur Unschuld der Selbstbegrenzung auf das, was die ‚Natur' lehren möchte[147]. Aus diesem Grund rückt für *Fischer* die Dimension des Geistes zum letzten ethischen Begründungshorizont auf[148]. Die „Bestimmungen geistbestimmten Lebens" wie Vertrauen, Offenheit, Liebe, Barmherzigkeit sind weder Tugenden im Sinne einer Tun-Ethik, die man durch Übung erwirbt, noch sind es Normen oder Pflichten im Sinne einer Handlungs-Ethik. Es sind Bestimmungen des Geistes, in denen wir kommunizieren und denen ethisch nur die Verbindung von Indikativ und Kohortativ nach dem Vorbild der paulinischen Paränese – ‚Wir sind ..., so laßt uns ...!' – gerecht wird[149].

Aus Fischers Sicht erweist sich das Problem der Kommunikabilität für eine religiöse Ethik, die auf einer nur den Gläubigen gemeinsamen Wirklichkeitsauffassung basiert, als unlösbar, wenn gelten sollte, daß Handeln durch allgemein anzuerkennende Normen und Prinzipien *begründet* werden muß. Es muß genügen, daß auch religiös bestimmtes Handeln im Fall eines Konflikts mit Normen und Werten, die gesellschaftlich als fundamental erachtet werden, *gerechtfertigt* werden kann.

---

[146] *Alasdair MacIntyre*, Der Verlust der Tugend, Darmstadt 1987, 84. 86. 200. Mit diesem Ansatz berührt sich das Story-Konzept, das *Dietrich Ritschl* bereits Ende der fünfziger Jahre im Kontakt mit Alttestamentlern entwickelt hat, vgl. *ders.*, Zur Logik der Theologie, München 1984, 45-47.

[147] *Trutz Rendtorff*, Grundkonsens im Dissens? Zur Argumentationshilfe der EKD für medizin- und bioethische Fragen, ZEE 46, 2002 (242-244) 243.

[148] *Fischer*, Leben aus dem Geist, 82.

[149] Ebd. 54. 87.

Die Normen selbst verdanken sich in einer pluralen Gesellschaft einer kontinuierlichen Verständigung darüber, was unter ihren Mitgliedern als richtig und gut *gelten soll* und wofür Menschen einander *verantwortlich machen* wollen[150].

e) Grundsätzliche Kritik der autonomen Moral und alternative Ansätze

Wie die Bezeichnung „autonome Ethik aus christlichem Glauben" vergleichbare römisch-katholische und evangelische Positionen zusammenfaßt, so bildet auch die Kritik der autonomen Moral einen gemeinsamen Nenner von ansonsten sehr verschiedenen konfessionellen Entwürfen.

Christologische und kirchliche Ethik

Die Idee einer autonomen Moral wird auf evangelischer Seite vor allem von Ansätzen bestritten, die sich auf den Typ „Königsherrschaft Christi" oder „christologische Ethik" zurückführen lassen, wie er exemplarisch durch *Karl Barth* und *Dietrich Bonhoeffer* ausgebildet wurde. Doch soll auf ihre Theorie des göttlichen Gebietens erst bei der Frage der ethischen Kasuistik (s. u.) eingegangen werden.

Mit Abstrichen ist der christologischen Ethik die ‚linksprotestantische' Tradition (*Tödt*, *Huber* und *Frey*) zuzurechnen, die zwar ein triumphalistisches Verständnis der Herrschaft Christi, das ihre gegenwärtige Verborgenheit, die Mündigkeit des einzelnen Gewissens und die ethische Vermittlungsaufgabe ausblendet, zurückweist, aber die Erinnerung an „Gottes Reich, an Gottes Gebot und Gerechtigkeit" (Barmer Theologische Erklärung V) auch material in einer politischen Ethik zur Geltung bringen möchte. Die These, daß sich aus dem Bekenntnis zur Christusherrschaft keine wissenschaftlich überprüfbaren inhaltlichen Kriterien für christliches Handeln ergeben, und die Begrenzung des christlichen Propriums auf die Motivationsebene (Honecker) stellt aus *Hubers* Sicht eine Unterwerfung unter ein „Grunddogma des Szientismus" dar. Da-

---

150 *Fischer*, Theologische Ethik, 88.

durch werde Religion ins Private verwiesen, die Theologie auf den Bereich der Person fixiert mit der Folge einer „Auswanderung aller öffentlich relevanten ethischen Fragen aus dem Bereich der Theologie". Zwischen der Rationalität gesellschaftlichen Handelns und der Subjektivität des persönlichen Gewissens werde die „Frage nach den *Zielen* gesellschaftlicher Entwicklung ortlos"[151].

Angesichts der „Nicht-Evidenz des Sittlichen" und des Scheiterns heutiger wissenschaftlicher Rationalität an der ‚Begründung' von Werten erkennt *Tödt* der Rückfrage „nach Perspektiven und Intentionen des Glaubens" neue Bedeutung zu. Sittliche Entscheidungen seien zwar nicht aus dogmatischen Voraussetzungen zu deduzieren, doch schlage sich etwa die eschatologische Perspektive des Glaubens immer wieder auch in einer „Differenz gegenüber Verhaltensweisen außerhalb des Glaubens" nieder[152]. Damit erlangt auch die biblische Begründung innerhalb eines komplexen Begründungsgangs ein stärkeres Gewicht. Während nämlich Universalität eher die Normen einer „Erhaltungsethik" kennzeichnet, projizieren Normen einer Ethik der „Gestaltung" eine Qualität des Menschseins nach vorn, die der Prüfung durch Perspektiven des Menschseins bedarf, die an biblische Tradition – nicht im Zitat, aber in den Horizonten, denen die neutestamentliche Ethik verpflichtet ist – anknüpfen kann[153].

Daß der Horizont biblischer Ethik auch die Gemeinschaft impliziert, in der die Herrschaft Christi geglaubt wird, wird vor allem von der kommunitaristischen „kirchlichen Ethik"[154] betont, die der methodistische Ethiker *Stanley Hauerwas* im Anschluß an MacIntyre dem abstrakten Universalismus der autonomen Moral entgegenstellt. Für Hauerwas hat christliche Ethik eine narrative Struktur, weil unsere moralische Exi-

[151] *Wolfgang Huber*, Folgen christlicher Freiheit. Ethik und Theorie der Kirche im Horizont der Barmer Theologischen Erklärung, Neukirchen-Vluyn 1983, 50f. 44.
[152] *Heinz Eduard Tödt*, Zum Verhältnis von Dogmatik und theologischer Ethik. ZEE 26, 1982 (29-39) 35-37.
[153] *Christofer Frey*, Vernunftbegründung in der Ethik. Eine protestantische Sicht. ZEE 37, 1993 (22-32) 27.
[154] So die Charakterisierung bei *Reinhard Hütter*, Evangelische Ethik als kirchliches Zeugnis (Ev. u. Ethik 1), Neukirchen-Vluyn 1993, pass.

stenz sich nicht aus einer Addition von Einzelentscheidungen zusammensetzt, sondern in einer einheitlichen Wahrnehmung der Welt gründet, die sich über eine Story, bei Christen die Story des Gottesvolkes, vermittelt. „Christliche Ethik handelt [...] nicht in erster Linie vom ‚Du sollst' oder ‚Du sollst nicht'", sie „hilft uns in erster Linie zu *sehen*"[155]. Darum kommt die theologische Ethik zu spät, wenn sie sich erst in die praktische Urteilsbildung einschaltet und sich dadurch auf eine normative Ethik der Entscheidungsfälle („quandary ethics") zurückschneiden läßt. Als bloße Anwendungsethik frage sie nur noch: Wann ist Abtreibung erlaubt, wann nicht? Was spricht für Präimplantationsdiagnostik, was gegen sie? anstatt das Verständnis von Leben selbst ins Spiel zu bringen[156].

Dem Story-Konzept entsprechend gibt es für Hauerwas eigentlich keine Individualethik. Ebensowenig ist rationale Letztbegründung denkbar: „Keine Ethik kann von ihrer erzählten Geschichte und daher von ihrem gemeinschaftlichen Kontext getrennt werden"[157]. Soll christliche Ethik dadurch kommunikabel werden, daß sie sich vom kirchlich-narrativen Kontext löst, wird sie für Hauerwas erst recht partikular, da sie die nötige Distanz zum Kontext der sie jeweils umgebenden Gesellschaft verliert. Der universale Anspruch, den die christliche Ethik allerdings erheben muß, liegt in der Einladung, „Teil der gemeinsamen Geschichte zu werden, die Gott für seine ganze Schöpfung beabsichtigt". Das schließt einen archimedischen Punkt außerhalb unserer Geschichte, wie ihn die rationale Letztbegründung von Moral anstrebt, aus: „Wir müssen inmitten einer erzählten Geschichte beginnen", „in einer Gemeinschaft, die die Geschichte des Gottes weiterträgt, der will, daß wir an einer Herrschaft teilhaben, die in und durch Jesus von Nazareth begründet worden ist"[158].

Zur konkreten Entscheidung bedarf es bei Hauerwas der Kunst der „narrativen Kasuistik"[159], die auf rationale Letztbe-

---

[155] *Hauerwas*, aaO. 81. 76f. Weitere Belege aus Publikationen von *Hauerwas* bei *Hütter*, aaO. 120. 141. 249; dort auch ein ausführlicher Nachweis der Verbindungslinien von *Barth* zu *Hauerwas*.
[156] *Hauerwas*, aaO. 44. 65. 185-195.
[157] Ebd. 71.
[158] Ebd. 115.
[159] Ebd. 200.

gründung verzichtet und als „ein unter beständiger Verwiesenheit auf die bestimmte Geschichte Gottes zwischen einem Entdeckungszusammenhang und einem Begründungszusammenhang hin und her gehendes Prüfen der Praxisformen und Vollzüge der Kirche und des Handelns der Christen" zu verstehen ist[160]. Daß wir in bestimmten Handlungskontexten von Mord oder von Ehebruch sprechen, ist dann nicht eine bloß subjektive Bewertung, die wir an ein an sich neutrales Faktum heften im Sinne der von MacIntyre kritisierten „fact-value"-Distinktion. Vielmehr beginnt die Ethik schon bei der Wahrnehmung der Situation. Wo man körperliche Mißbildungen auf böse Geister zurückführt und Neugeborene, die mit ihnen behaftet sind, aussetzt, entstünde ein unverständliches Dilemma, wollte eine Mutter sich für die Aufzucht eines solchen Kindes entscheiden. Das Beispiel zeigt nicht, daß alle moralischen Urteile relativ sind, sondern daß die Art der moralischen Dilemmata, mit denen wir konfrontiert sind, davon abhängt, was für Menschen wir sind – und sein wollen – und wie wir die Welt wahrnehmen. Wird beim Schwangerschaftskonflikt der Begriff „Abtreibung" gebraucht, so ist vorausgesetzt, daß Leben ein Geschenk ist und daß es im Volk Gottes gut ist, Kinder zu haben und das Leben zu schützen. Wird dagegen von Schwangerschaftsabbruch oder gar -unterbrechung gesprochen, so wird nicht nur die Handlung anders definiert, sondern die Gemeinschaft muß erkennen, daß sie selbst sich verändert hat und möglicherweise dieses Volk Gottes nicht mehr ist. „Abtreibung" ist „nicht nur eine Beschreibung einer Reihe von Fakten, sondern eine Weise, die Welt entsprechend den Überzeugungen des Volkes Gottes zu konstruieren"[161].

Der in vielem inspirierende Ansatz von Hauerwas hat sich allerdings so stark einem allgemeinen tugendethischen Rahmen, wie ihn MacIntyre entwirft, eingeschrieben, daß er idealisierende Züge annimmt. Das gilt vom Gemeinschaftsbezug jeder christlichen Entscheidung wie von dem Verständnis von Kirche, die für Hauerwas keine Sozialethik hat, sondern, indem sie Kirche ist, eine Sozialethik „ist". Allerdings will Hauerwas die christliche Ethik nicht auf Konstruktion einer

---

[160] *Hütter*, aaO. 242.
[161] *Hauerwas*, aaO. 180f.

Gruppenmoral reduzieren. Wenn er sie im Anschluß an Lebensformen der Kirche entwickelt, geht es ihm zum einen darum, den christlichen Gottesdienst für das Erlernen von Lebensformen zu erschließen. Zum anderen teilt er mit der christologischen Ethik das Anliegen, die ethische Urteilsbildung nicht von der Wahrnehmung des Handelns Gottes in Erinnerung und Erwartung abzukoppeln. Sonst würde die theologische Urteilsbildung „ersetzt durch eine Bewertung von Tun und Lassen, die das, was sie von Gottes Willen zu sagen weiß, im Rücken zu haben meint, statt sich diesem Willen auszusetzen“[162]. So wenig eine narrative Theologie die begriffliche Reflexion überflüssig macht, so wenig kann freilich eine narrative Kontextualisierung der Positionen christlicher Ethik als Antwort auf die Normfrage genügen, wenn man ihr mit Eilert Herms auch eine „Verantwortlichkeit für eine verständigungsorientierte Ordnung der Gesamtöffentlichkeit“[163] zuschreiben will.

Katholische Glaubensethik und lehramtliche Moral

Im katholischen Raum hat sich eine dezidierte Gegenposition zur autonomen Moral unter der Sammelbezeichnung „Glaubensethik“ formiert. Als ihre Begründer gelten die Theologen *Bernhard Stoeckle* und *Joseph Ratzinger* und der Philosoph *Robert Spaemann.* Der Sache nach vertritt auch das römische Lehramt die glaubensethische Position. Glaubensethiker sehen in der autonomen Moral ein trojanisches Pferd, mit dem eine rein humanistische Vernunft in die Kirche eindringe („Flucht ins Humanum“) und das christliche Proprium zum Verschwinden bringe. Dieses bestehe nämlich nicht nur in einem Sinnhorizont, sondern erweise sich auch auf der materialethischen Ebene.

(*Glaube und Vernunft*) Die erste der durch HV aufgeworfenen Fragen (s. o.) betraf das Verhältnis des christlichen Glaubens zum Universalisierungspostulat ethischer Vernunft.

---

[162] *Gerhard Sauter*, Zugänge zur Dogmatik (UTB 2064), Göttingen 1998, 337.

[163] *Eilert Herms*, Theologie und Ethik (protestantische Sicht), in: *Düwell* u. a. (Hg.), Handbuch der Ethik (508-513) 512.

Johannes Paul II. sieht in der autonomen Moral eine schädliche „Dichotomie, die den Glauben von der Moral trennt" (VS 88). *Spaemann* karikiert die autonome Moral als eine Allerweltsethik nach dem Motto: „Was für den Menschen gut ist, kann für Gott nicht schlecht sein. Und was für den Menschen gut ist, muß diskursiv unter den mit der Sache Befaßten ermittelt werden." Eine solche Ethik falle unter das Urteil: „Das tun auch die Heiden." Unbedingte Forderungen wie eheliche Treue oder das Verbot jeder vorsätzlichen Abtreibung lassen sich in rationalem Diskurs nicht begründen, sondern nur aus der Christusoffenbarung verstehen. Auf diese Weise löst sich das Problem der Kommunikabilität: „Ist also christliche Morallehre nur eine Morallehre für Christen? Ja, natürlich. Ihre Universalität liegt nur darin, daß sie davon ausgeht, jeder Mensch solle Christ sein, nicht darin, daß sie lehrt, jeder sollte, ob Christ oder nicht, so und so leben"[164]. In einer von Sünde geprägten Welt sei rational-argumentative Ermittlung des von Gott Gebotenen eine eschatologische Idee, die einer Hermeneutik der Lehre Jesu und der Apostel zu weichen habe. Damit bekommt das biblische Element, das in der evangelischen Ethik, soweit sie sich als christologische Ethik versteht, immer schon eine große Rolle spielt, für die katholische Glaubensethik stärkeres Gewicht. Auch in evangelischer Theologie wird gefragt, ob der Mensch als Sünder mit entsprechenden Erkenntnisblockaden nicht faktisch auf die Gabe der Gebote, und zwar gerade unter dem Aspekt ihres autoritativen Von-Gott-Gegebenseins, angewiesen ist[165].

Glaubensethiker bestreiten die Unterscheidung der autonomen Moral zwischen den Qualifikationen „gut/schlecht" und „richtig/falsch" (VS 68. 75), wie sie exemplarisch etwa bei *Peter Knauer* durchgeführt ist. Sie ergibt sich für Knauer aus einer an Ebeling anknüpfenden Unterscheidung von Gesetz und Evangelium: Der Glaube konstituiert „die eigentliche sittliche Gutheit einer Handlung", weil er in angstfreier Gemeinschaft mit Gott „heilsam Entlastung" schafft und die Handlung der „definitiven Selbstbeurteilung durch den Handeln-

---

[164] *Robert Spaemann*, Wovon handelt die Moraltheologie? Bemerkungen eines Philosophen, IKaZ 6, 1977 (289-311) 303f.

[165] *Christof Gestrich*, Die Wiederkehr des Glanzes in der Welt, Tübingen 1989, 203.

den" entzieht[166]. Der Glaube wirkt sich für die Erkenntnis moralischer Normen also nicht dadurch aus, daß er Argumente ersetzt, sondern daß er den Menschen aus der Macht der Angst um sich befreit, die ihn auch in seinem Vernunftgebrauch beeinträchtigen kann[167]. Von der durch die Selbstlosigkeit der Liebe konstituierten Güte ist die Erkenntnis des im konkreten Fall Richtigen zu unterscheiden, die Sache der Vernunft und nicht des Glaubens ist. „Güte" oder „Schlechtigkeit" eines Verhaltens entscheiden sich auf der Ebene ‚moralischer' Werte und Güter (wie Gottesliebe, Nächstenliebe, Gerechtigkeit). Ob ein konkretes Verhalten als „richtig" oder „falsch" einzustufen ist, entscheidet sich auf der Ebene der von Menschen erstrebten ‚vor-sittlichen' oder ‚physischen' Güter (wie Leben, Gesundheit, materielle Güter), zwischen denen eine Abwägung zu treffen ist. Die Tötung eines Menschen verletzt ein vor-sittliches Gut, muß aber damit nicht notwendigerweise ihre moralische Qualität auf der Wertebene verlieren, wenn ihr ein entsprechender gerechter Grund wie „Schutz des Nächsten gegen einen ungerechten Angreifer" gegenübersteht. Ebenso halten Vertreter der autonomen Moral den Gebrauch empfängnisverhütender Mittel für erlaubt, sofern das vor-sittliche Gut der möglichen Fruchtbarkeit der geschlechtlichen Begegnung durch einen moralischen Wert wie „Verantwortung für ein mögliches Kind" oder „Wahrung und Vertiefung der ehelichen Liebe" eine Relativierung erfahren kann.

VS bezeichnet die autonome Moral in christlichem Kontext als „Teleologismus", „Proportionalismus" oder „Konsequentialismus". Ihr wird vorgeworfen, daß sich auf ihrem Standpunkt niemals eine absolute Verbotsnorm formulieren lasse und daß sie mit Blick auf gute Folgen auch sündige Handlungen gutheiße (75)[168]. Daran ist richtig, daß die autonome Moral Nor-

---

[166] *Peter Knauer*, Der Glaube kommt vom Hören, Freiburg-Basel-Wien, 1991^{6}, 88. 111.

[167] *Peter Knauer*, Das kirchliche Lehramt und der Beistand des Heiligen Geistes, StZ 115, 1990 (661-675) 674.

[168] Auch *Adalbert Stifter* bewegt diese Sorge: „Wer Gutes tut, weil das Gegenteil dem menschlichen Geschlechte schädlich ist, der steht auf der Leiter der sittlichen Wesen schon ziemlich tief. Dieser müßte zur Sünde greifen, sobald sie dem menschlichen Geschlechte oder ihm selbst Nutzen bringt" (Der Nachsommer, Bd. 1, Kap. 1).

men im zwischenmenschlichen Bereich ‚teleologisch', durch Abwägung aller Güter und Folgen begründet, weil es sich in diesem Bereich um endliche Güter handelt, die miteinander in Konkurrenz treten können; einzig Forderungen, die das Grundverhalten des Menschen zu Gott betreffen, sind durch das absolut Gute bestimmt und der teleologischen Abwägung entzogen[169]. Sofern die ‚teleologische' Normbegründung auf einem unbedingten Wertefundament erfolgt, hat auch die autonome Moral einen ‚deontologischen', unbedingt verpflichtenden Kern, an dem jede Abwägung endet: die im christlichen Menschenbild verankerte Personwürde, die z. B. jede Instrumentalisierung von Menschen verbietet und so ein absolutes Nein zur Folter begründet.

(*„In sich schlechte" Handlungen*) Die Vollmacht der Kirche, einzelne Handlungen wie die Folter als „immer in sich schlecht" (*intrinsece malum*) zu qualifizieren, ungeachtet der Motive und Umstände, ist für das Lehramt geradezu der Prüfstein katholischer Moral (VS 37. 79. 80. 81. 95).

Die Handbücher unterscheiden vier Arten von Handlungen:
– Handlungen, die immer gut und niemals schlecht sein können: z. B. die Liebe zu Gott;
– Handlungen, die aufgrund ihres Objekts gut sind, unter Umständen aber auch verboten sein können: z. B. Almosengeben, wenn es jemanden in seiner Faulheit unterstützt;
– Handlungen, die *aufgrund ihres Objekts schlecht* sind *und niemals gut* sein können: z. B. Gotteslästerung, Meineid, Mord, Ehebruch, Unzucht;
– Handlungen, die ihrem Wesen nach schlecht sind, unter Umständen aber auch erlaubt sein können: z. B. wenn Gott in einer konkreten Situation einen Menschen ermächtigt, in das Lebensrecht oder das Eigentumsrecht eines anderen einzugreifen.

Vorausgesetzt ist dabei zunächst, daß Handlungen sich klar voneinander abgrenzen lassen[170]. Dies ist keine leichte Aufgabe, da im Blick auf Ziele und Folgen gehandelt wird, sodaß jede Einzelhandlung wieder als Moment eines übergreifenden Bedeutungskontinuums erscheint, das ihr möglicherweise einen anderen Sinn gibt. Präimplantationsdiagnostik etwa ist

---

[169] *Böckle*, Fundamentalmoral, 306.
[170] Vgl. *Robert Spaemann*, Einzelhandlungen, ZPhF Bd. 54, H. 4, 1999.

als Einzelhandlung betrachtet für das Lehramt ein verwerflicher Selektionsakt an ungeborenen Menschen; im Gesamtzusammenhang der Umstände und Absichten erscheint sie als therapeutisches Mittel, um Eltern zu einem gesunden Kind zu verhelfen.

Wegen der Orientierung an der Einzelhandlung wird die Lehramtsmoral von Kritikern als „Aktmoral" bezeichnet. Ihr zufolge hängt die sittliche Qualität einer Handlung vom „Objekt" (was ich tue), den „Absichten" und den „Umständen" ab. Eine Handlung, die aufgrund ihres Objekts gut ist, kann durch Umstände oder Absichten schlecht werden, z. B. Almosengeben, wenn es Faulheit fördert. Ist das Objekt schlecht wie z. B. bei Gotteslästerung, Mord und Unzucht, so können weder gute Absichten noch positive Folgen ein an sich unerlaubtes Verhalten zu etwas Erlaubtem und Gutem machen (KKK 1750. 1753f. 1758; VS 77. 78). Der als Inbegriff von ‚Jesuitenmoral' kolportierte Satz „Der Zweck heiligt die Mittel"[171] ist kein möglicher Satz katholischer Moraltheologie. Immer wieder zitieren Lehramtstexte das Pauluswort: Man darf nichts Böses tun, damit daraus Gutes entsteht (KKK 1756; VS 78).

Nach den Moralhandbüchern war es bei einem Tumor am Uterus während der Schwangerschaft nicht erlaubt, den Fötus zu töten, um den Uterus behandeln zu können und die Gebärfähigkeit zu erhalten, da die Handlung aktmoralisch als Abtreibung qualifiziert wurde. Erlaubt war indessen die Entfernung des Uterus mit der Leibesfrucht, weil diese Handlung nach ihrem Objekt als therapeutischer Eingriff galt, bei dem die Tötung des Fötus nicht als Mittel gewollt, sondern – nach dem Prinzip der „Handlungen mit Doppelwirkung" – nur indirekt als Nebenwirkung in Kauf genommen wurde[172].

---

[171] Der vor mehr als hundert Jahren von einem Schweizer ausgesetzte Preis für einen Nachweis dieses Satzes im jesuitischen Schrifttum ist bis heute nicht vergeben, zwei Gerichtsprozesse endeten zugunsten der Jesuiten, vgl. *Albert Ebneter*, Der Jesuitenorden, Zürich-Einsiedeln-Köln 1982, 76. Richtig ist an dem Satz nur, daß eine moralisch *indifferente* Handlung (wie Spazierengehen) durch einen guten Zweck (Gesundheitsvorsorge) geheiligt werden kann.

[172] Bei *Häring*, Das Gesetz Christi, Bd. 3, 226.

Aktmoralisch hat das Lehramt die Forderung nach Ausstieg der katholischen Kirche aus der staatlichen Schwangerschaftskonfliktberatung in Deutschland begründet (s. u.). Auch in die katholische Friedensdiskussion der achtziger Jahre spielte der Gegensatz zwischen einer primär objektorientierten und einer am Handlungszweck orientierten Argumentation herein: Der Hirtenbrief der Bischöfe der USA (1983) hält sich an das klassische Axiom, daß „gute Ziele (Verteidigung des eigenen Landes, Schutz der Freiheit usw.) unmoralische Mittel (Gebrauch von Waffen, die unterschiedslos töten und ganze Gesellschaften bedrohen) nicht rechtfertigen können"[173]. Die katholischen deutschen Bischöfe fragen in ihrem Friedenswort nicht primär nach der militärischen Qualität, sondern nach der politischen Funktion der Waffen. Für eine teleologische Argumentation hängt die moralische Qualität der Nuklearwaffen davon ab, ob sie zur Kriegsverhütung beiträgt oder nicht. „Eine von dieser politischen Zielsetzung losgelöste Beurteilung nuklearer Strategien und nuklearer Rüstungsmittel müßte zwangsläufig zu einer radikalen Verurteilung führen"[174].

Die Kategorie der „in sich schlechten Handlung", die auch nicht um eines guten Zweckes willen getan werden darf, ist sowohl der Strebensethik (Aristoteles) als auch der Tradition deontologischer Ethik (Kant) vertraut. Als Minimalumschreibungen des Naturrechts (s. u.) können solche *negativen* Verbote einen universalen Geltungsumfang beanspruchen, weil sie die unveräußerlichen Rechte einer Person schützen und eine absolute Unterlassungspflicht begründen (VS 96), freilich ohne daß damit schon klar wäre, welche konkreten Handlungen etwa unter den Begriff eines Aktes wie Mord oder Ehebruch fallen. Das Urteil darüber „unterliegt [...] der Geschichtlichkeit unserer moralischen Erkenntnis"; so wurde die freiwillige Organspende lehramtlich lange Zeit als in sich

[173] National Conference of Catholic Bishops of the U. S.: The Challenge of Peace, National Catholic Documentary, May 12, 1983 (1-32), 28 (Conclusion).
[174] Gerechtigkeit schafft Frieden (Die Deutschen Bischöfe 34), 18. April 1983, 53.

schlecht eingestuft, während sie heute unter bestimmten Bedingungen als sittlich erlaubt angesehen wird[175].

Ein Polizist, den ein Vorgesetzter vor die Wahl stellt, ein Judenmädchen zu erschießen oder den Tod von zwölf anderen Personen in Kauf zu nehmen, hätte den Tod der zwölf anderen in der Folge so wenig zu verantworten, wie wenn er keine Hände hätte[176]. Das moralische Dilemma solcher und ähnlicher Fälle „beruht in Wirklichkeit auf einer monströsen Fiktion. Sie wird durch die unhaltbare Annahme überhaupt erst aufgebaut, daß [der Handelnde] unterschiedslos für alle voraussehbaren Folgen seiner eigenen Handlungen und der dazwischentretenden Handlungen anderer verantwortlich sein soll." Eine solche Universalteleologie stelle eine „Überforderung" des endlichen Menschen dar, „die den Gedanken der moralischen Verantwortung und in letzter Konsequenz den Begriff einer moralischen Handlung aufhebt, wenn er die unbedingte Gewißheit, die ihm deontologisch formulierte Verbote in vielen Lebenssituationen bietet, gegen die Last einer unbegrenzten Güterabwägung eintauschen muß"[177]. Verantwortung erwachse nicht aus einer abstrakten Forderung nach Optimierung des Weltzustandes überhaupt, sondern aus konkreten Verpflichtungsverhältnissen wie Freundschaft, Ehe, Lehrer-Schüler-Verhältnis oder der Situation des barmherzigen Samariters.

Die Unüberschaubarkeit aller Folgen und Wechselwirkungen nötigt letztlich zum Rekurs auf göttliche Vorsehung, darin besteht ein überkonfessioneller Konsens[178]. Beim Ausstieg der katholischen Kirche in Deutschland aus der staatlichen Schwangerschaftskonfliktberatung wurde die mögliche Folge eines – kurzfristigen – Anstiegs der Abtreibungsrate von einigen Bischöfen mit der Erwägung in Kauf genommen: Wer jede Beteiligung am Bösen ablehnt, überläßt Gott die Verantwortung auch im Hinblick auf die mögliche Tötung mancher Menschen und beugt sich unter das Geheimnis der göttlichen

---

[175] *Eberhard Schockenhoff*, Naturrecht und Menschenwürde. Universale Ethik in einer geschichtlichen Welt, Mainz 1996, 193-200.

[176] *Robert Spaemann*, Wer hat wofür Verantwortung? HK 36, 1982 (345-350. 403-408) 408.

[177] *Schockenhoff*, aaO. 226.

[178] Vgl. etwa *Herms*, Gesellschaft gestalten, XXVIIIf.

Zulassung[179]. „Wir sind unnütze Knechte und haben – ‚deontisch' – Pflichten zu erfüllen", die wir nicht aus angeblicher Einsicht in einen höheren Zweckzusammenhang suspendieren können. „Immer gab es den harten Kern, der jeder güterabwägenden Reflexion entzogen war. Und gerade hier war die Treue immer zugleich ein Akt des Gottvertrauens, der gewöhnliche Menschen, wenn sie in außergewöhnliche Lagen gerieten, zu Heiligen werden ließ"[180]. Für den Papst sind die wahren Zeugen des Guten die Märtyrer, „die den Tod einer einzigen Todsünde vorgezogen haben". Sie entlarven jeden Versuch, einer in sich schlechten Handlung einen ‚humanen Sinn' verleihen zu wollen, als illusorisch und falsch (VS 91. 92). Aktmoralisch bis zur Absurdität überzogen ist jedoch der in römischen Texten begegnende Begriff des „Reinheitsmartyriums" von Personen, die sich bei einem Vergewaltigungsversuch zur Wehr setzten, um nicht die Todsünde der Unkeuschheit zu begehen.

(*Natur als Vorgabe*) Kein Vertreter der autonomen Moral behauptet, daß ein guter Zweck jedes Mittel rechtfertigen könne. Niemand widerspricht dem Lehramt, wenn es Völkermord, Folter, Vergewaltigung, Mädchenhandel und Ausbeutung als in sich schlecht einstuft. Der Dissens betrifft die Ausdehnung der Kategorie des „intrinsece malum" auf Empfängnisverhütung (die „in sich und für sich selbst [...] immer eine moralische Unordnung" darstelle, „unabhängig von den subjektiven Absichten, Beweggründen und Situationen"[181]), auf Sterilisation, Masturbation, homosexuelle Beziehungen, künstliche Befruchtung (VS 47). Zugrunde liegt ein Begriff von „Natur" und „sittlichem Naturgesetz", der innerkatholisch bis heute umstritten ist. Ist Natur „Grundlage der Moral" oder ist sie „Horizont sittlicher Praxis"[182]?

---

[179] *Leo Scheffczyk*, Kirche auf dem Weg in die Sezession, Theologisches 29, 1999 (581-594) 590.
[180] *Spaemann*, Wovon handelt die Moraltheologie?, 307.
[181] Ungezeichneter Artikel in L'Osservatore Romano vom 16. Febr. 1989, der auf die „Kölner Erklärung katholischer Theologinnen und Theologen" vom 6. Jan. 1989 (vgl. MdKI 40, 1989, 13f.) antwortet. Vgl. auch VS 80. 81.
[182] Programmatisch: *Martin Rhonheimer*, Natur als Grundlage der Moral, Innsbruck-Wien 1987; *Franz-Josef Bormann*, Natur als Horizont sittlicher Praxis (Münch. phil. Stud. N. F. 14), Stuttgart-Berlin-Köln 1999.

Die lehramtliche Sexualethik führt die scholastische Kategorie des „peccatum contra naturam“[183] fort. Zurückgewiesen wird die Meinung, es gebe über das Liebesgebot und die Achtung der Personwürde hinaus kein materiales Proprium christlicher Ethik; die Kirche habe „im ganzen Verlauf ihrer Geschichte bestimmten Regeln des Naturgesetzes immer eine absolute und unveränderliche Geltung zuerkannt und in deren Übertretung einen Widerspruch zur Lehre und zum Geist des Evangeliums gesehen“[184].

Von daher wird auch die extrakorporale Befruchtung abgelehnt, selbst wenn sie innerhalb der Ehe erfolgt, weil sie die „von Gott bestimmte unauflösliche Verknüpfung“ von „liebende[r] Vereinigung und Fortpflanzung“ auflöse und das Recht des Kindes auf natürliche Zeugung verletze. Das Argument, daß in der Intention der Eltern die Verknüpfung gewahrt sei, wird zurückgewiesen; maßgebend ist die aktmoralische Betrachtung. Ihrer Natur nach ist künstliche Befruchtung „in sich unerlaubt und steht in Widerspruch zur Würde der Fortpflanzung und der ehelichen Vereinigung“[185]. Medizinische Verfahren, die darauf basieren, sind schon aus diesem Grund verwerflich.

Kritiker werfen der Lehramtsmoral „Biologismus“ und einen „naturalistischen Fehlschluß“ vor, weil von einem empirischen Sachverhalt (dem Zusammenhang von Sexualität und Fortpflanzung) auf ein ethisches Sollen geschlossen wird.

Allerdings rechnen auch die Kritiker mit bestimmten in der menschlichen Natur vorgegebenen Indikatoren des zu erstrebenden Guten – Thomas spricht von natürlichen Neigungen („inclinationes naturales“) wie dem Streben nach Selbsterhaltung, Arterhaltung, Wahrheitserkenntnis in Gemeinschaft[186] – , die der Beliebigkeit des einzelnen entzogen sind, weil sie die natürlichen Strebensziele bilden und ihr Besitz die Bedingung der Möglichkeit des Handelnkönnens überhaupt darstellt[187]. Insofern ist

---

183 Vgl. STh. II-II, 154, 11 und 12.

184 Erklärung der Kongregation für die Glaubenslehre zu einigen Fragen der Sexualethik „Persona Humana“ (1975), 4.

185 Instruktion der Kongregation für die Glaubenslehre „Donum vitae“ über die Achtung vor dem beginnenden menschlichen Leben und die Würde der Fortpflanzung, 10. März 1987 (VApS 74), 24. 25. 27.

186 STh I-II 94, 2.

187 *Bormann*, aaO. 288.

auch der Naturbegriff der autonomen Moral nicht rein deskriptiv, sondern werthaft geprägt. Es ist aber die Vernunft, die das Gute findet, indem sie die Güter abwägt und in eine sinnvolle Ordnung bringt, deren normativer Gehalt bei Thomas als „natürliches Gesetz" bezeichnet wird. Ethische Aussagen, so der evangelische Ethiker *Kreß*, „haben auf das natürliche Sein Bezug zu nehmen und dienen der humanen Gestaltung der natural vorgegebenen Wirklichkeit"[188].

Von Thomas her versucht *Eberhard Schockenhoff* den Naturalismus-Vorwurf zu entkräften. Der Vorwurf gehe davon aus, daß die praktische Vernunft des Menschen als ein von der theoretischen abhängiges Erkenntnisorgan den in Form von Ist-Aussagen gewußten Inhalt der theoretischen Vernunft auf die Ebene präskriptiver Sollens-Aussagen transponiere. Gerade die thomanische Theorie des „natürlichen Gesetzes" beruhe aber auf strikter Unableitbarkeit der praktischen Vernunft hinsichtlich ihres Ursprungs, ihrer Erkenntnisprinzipien und Vollzugsgesetze. Wenn aber die praktische Vernunft ihr oberstes Moralprinzip gar nicht aus Sätzen der theoretischen Vernunft gewinnt, die sie dann anwenden würde, sondern aus ihr eigenen normativen Prämissen, dann kann das Problem einer Ableitung normativer Urteile aus theoretischen Aussagen über die menschliche Natur gar nicht aufkommen. Das ethische Urteil basiert auf einer *imperativischen* Prämisse, nämlich dem obersten praktischen Axiom (Gutes ist zu tun, Böses zu meiden), *in dessen Licht* aus weiteren *indikativischen* Prämissen, eben den in den „inclinationes naturales" zusammengefaßten Zielen und Gütern, konkretere Imperative erschlossen werden. Daß ohne Berücksichtigung dieser der eigenen Selbstverfügung aufgegebenen Struktur naturaler Dispositionen endliches Menschsein sich nicht zu seinem wirklichen Seinkönnen entfalten kann, lasse sich auch humanwissenschaftlich im Blick auf seine leib-seelische Verfaßtheit plausibilisieren[189].

Die Problematik der Lehramtsmoral besteht in ihrer Interpretation des Zusammenhangs von Person und Natur. Auf den ersten Blick argumentiert HV im Blick auf die Beziehung der Ehegatten personal, und das gilt erst recht von den vielen

---

[188] *Kreß*, Verantwortungsethik, 215.
[189] *Schockenhoff*, aaO. 183f. 216f.

Äußerungen *Johannes Pauls II.* Doch die Argumentation springt zwischen einem personalistischen Naturbegriff im Sinne der Integrität der moralischen Person und einem Naturbegriff, der ethisches Verhalten direkt an biologische Vorgänge bindet, hin und her (vgl. VS 50). Der Umschlag läßt sich auch im dynamischen Personalismus der von *Johannes Paul II.* seinerzeit mitbegründeten Lublin-Krakauer Schule beobachten, deren ethisches Hauptprinzip lautet: „persona est affirmanda". Bei der Frage, welche Akte die Person affirmieren und welche nicht, kommt man nach *Tadeusz Styczen* „wohl kaum ohne den Begriff der Natur aus und auch nicht ohne irgendeine in bezug auf das Handeln durch eben diese Natur *vorgegebene* Programmierung". Kant gilt hier gerade als Vertreter einer heteronomen Moral, weil sein Ansatz das Sittengesetz dem Menschen dualistisch von außen begegnen lasse, während ihm doch in seiner leiblich verfaßten Natur das Gesetz wahrhaft humaner Handlungen immer schon eingeschrieben sei[190]. Schon auf dem Zweiten Vatikanischen Konzil hat der jetzige Papst diese Position vertreten: Die eheliche „Einheit der Personen" werde „auf wahrhaft personhafte Weise vollzogen, wenn beide zugleich die Ordnung der Natur beachten"[191]. Glaubensethiker bescheinigen darum der autonomen Moral leibfeindlichen „Dualismus"[192], „Spiritualismus"[193] und weisen *Demmers* Begriff des Rohmaterials (s. o.) ausdrücklich zurück; ihre Vertreter ignorierten die Sprache des Leibes in der sittlichen Naturordnung (VS 48. 49) und verfehlten so den Zusammenhang von Wahrheit und Freiheit (61. 99).

Für *Martin Rhonheimer* stellt schon die Annahme, Offenheit des ehelichen Aktes auf Zeugung sei ein vor-sittliches Gut, das erst durch abwägende praktische Vernunft in einen sittlichen Zusammenhang rücke, einen Fall von „methodi-

---

[190] *Tadeusz Styczen*, Zur Frage einer unabhängigen Ethik, in: *Karol Wojtyla/Andrzej Szostek/ders.*, Der Streit um den Menschen, Kevelaer 1979 (111-175) 136. 138. 143f. 169.

[191] Acta Synodalia Sacrosancti Concilii Oecumenici Vaticani II, vol. IV, 3, Vatikan 1977, 242 (Orig. lat.).

[192] *Martin Rhonheimer*, Der anspruchsvolle Weg zum Glück, RM Nr. 29, 21. Juli 1989.

[193] *Robert Spaemann*, Kommentar zu „Donum vitae", zit. bei *Götz*, aaO. 101.

schem Atheismus" dar. Er legt Wert darauf, daß die Enzyklika Pauls VI. „ausgesprochen teleologisch" argumentiere: Empfängnisverhütung habe zur Folge, daß der ganze Sinngehalt ehelicher Liebe zerstört werde. Gemessen an dieser einen Folge sinken aufgrund einer „anthropologisch verankerten *Hierarchie* von Folgen" alle anderen denkbaren Folgen wie z. B. Gefährdung der Ehe zu Nebenfolgen herab, denen die Betroffenen durch entsprechenden sittlichen Einsatz, etwa durch Enthaltsamkeit, begegnen müssen. Der Nachweis aber, daß die Wahrung des Zusammenhangs von Vereinigung und Zeugung ein solches absolutes Gut ist, das in keine Abwägung eingehen kann, kann bei Rhonheimer wie in VS zuletzt nur ‚naturalistisch' von einer sittlichen Struktur des Leibes her geführt werden. Die Teleologie, die Rhonheimer in HV findet, wäre darum richtiger als „Onto-Teleologie" zu bezeichnen, weil sie das zu realisierende Gute als eine dem menschlich-physischen Sein bereits inhärierende Vorgabe begreift und so zu einem „deontologischen" Ethik-Typ führt.

(*Autorität der Kirche in ethischen Fragen*) Durch HV steht schließlich die Kompetenz des Lehramtes in Fragen der Moral, genauer: „hinsichtlich bestimmter, das sogenannte ‚Humanum' betreffender sittlicher Normen" (VS 37) auf dem Spiel. Damit wird von Johannes Paul II. die Überzeugung der autonomen Moral und verwandter Positionen zurückgewiesen, daß das Lehramt „originär" nur für den Bereich des Heilsethos zuständig sei, während es dort, wo Sachargumente gefordert sind, wie im Bereich des Welthandelns, allenfalls „subsidiär" tätig werden könne und dann denselben Irrtumsmöglichkeiten unterliege wie andere Diskursteilnehmer[194]. Hatte schon HV den Gehorsam mit einem formalen Autoritätsargument eingefordert (s. o.), so sieht auch Johannes Paul II. den status confessionis gegeben, sollte jemand dem Lehramt die Vollmacht absprechen, bestimmte Handlungen als „immer in sich schlecht" zu bezeichnen (79) und mit solchen Urteilen das Gewissen der Gläubigen zu binden (110).

---

[194] So *Auer*; weitere analoge Differenzierungen bei *Schuster*, aaO. 333-362.

II. GEMEINSAME VERLAUTBARUNGEN UND PRAKTISCHE ZUSAMMENARBEIT DER KIRCHEN

Die praktische Zusammenarbeit der evangelischen Kirchen und der römisch-katholischen Kirche in ethisch relevanten Bereichen ist so vielfältig ausgeprägt, daß im Folgenden nur Beispiele vorgestellt werden können, die zugleich etwas von den theologischen Voraussetzungen und Problemen einer solchen Kooperation deutlich werden lassen. Zugleich haben die Kirchen seit den siebziger Jahren in großer Zahl gemeinsame Äußerungen zu ethischen Fragen der Gesellschaft veröffentlicht, die über diese Voraussetzungen und die ethischen Leitprinzipien Aufschluß geben.

1. Gemeinsame Texte

Die Gemeinsamen Texte zu ethischen Fragen sind keine ökumenischen Konsenstexte im herkömmlichen Sinn. Sie zielen auf einen Grundkonsens in politischen, wirtschaftlichen und gesellschaftlichen Fragen, zu dem die Kirchen Zustimmung erhoffen[195]. Der Themenbereich der gemeinsamen Worte ist zunächst durch den gesellschaftlichen Umbruch nach 1968 bestimmt; die Kirchen nehmen Stellung zum Wertewandel in der Gesellschaft, vor allem zur Reform des Eherechts und des Strafrechts. Auch in Fragen der Wirtschaft, der Entwicklungshilfe, später auch der Umwelt und der Globalisierung legten die beiden Kirchen schon früh gemeinsame Erklärungen vor. Vor den Herausforderungen durch die wirtschaftliche und soziale Entwicklung und den Erwartungen der Öffentlichkeit an ein Reden der Kirchen verlieren erfahrungsgemäß die theologischen Differenzen der Kirchen untereinander an Gewicht. Große Schwierigkeiten stehen dagegen der

[195] *Wolfgang Thönissen*, „... zum Leben ermutigen". Perspektiven und Impulse für eine ökumenische Sozialethik aus christlichem Glauben, ZEE 45, 2001 (109-120) 117.

Formulierung einer gemeinsamen Position in sexualethischen Fragen entgegen, wenn man einmal von thematisch etwas weiter gefaßten Verlautbarungen wie dem Wort der Gemeinsamen Ökumenischen Kommission „Ja zur Ehe“ (1981) absieht. Im Bereich des Lebensschutzes kam es mit der von allen Mitgliedskirchen der Arbeitsgemeinschaft christlicher Kirchen getragenen Erklärung „Gott ist ein Freund des Lebens“ (1989) zu einem Durchbruch. Doch zeichnen sich in Fragen der Präimplantationsdiagnostik und des Embryonenschutzes neue Differenzen vor allem unter evangelischen Theologen und Ethikern ab, die ein gemeinsames Reden der beiden Kirchen in Zukunft erschweren oder zur Folge haben, daß offizielle Konsensbehauptungen der beiden Kirchen regelmäßig abweichende Voten von Theologen provozieren werden.

Bei einigen Fragen, die in der Öffentlichkeit breit diskutiert wurden, haben die Kirchen nicht zu einem gemeinsamen Wort gefunden. In der Friedensdiskussion der achtziger Jahre wie in der neueren Diskussion um militärische Initiativen zur Sicherung des Friedens und der Menschenrechte und den Auftrag der Vereinten Nationen haben die evangelische Kirche und die katholischen Bischöfe in Deutschland getrennte Erklärungen veröffentlicht, obwohl in der Sache vom damaligen Präsidenten des Kirchenamtes ein „hohes Maß an Übereinstimmung“ zwischen der EKD-Position und dem deutschen Bischofswort von 1983 festgestellt wurde. Ein Hindernisgrund dürfte darin liegen, daß die katholische Seite als fest umrissene Größe eine mit *Johannes XXIII.* einsetzende päpstliche Friedensethik tradiert, in deren Rahmen die nationalen Bischofsworte miteinander abgestimmt werden und zu deren Fortschreibung sie wiederum beitragen. Auch im Stil kirchlichen Redens bestehen Unterschiede: Traditionell beschränkt sich das Lehramt der katholischen Kirche sozalethisch auf die Vorlage philosophisch und sozialwissenschaftlich gewonnener allgemeiner Prinzipien und Urteilskriterien, während auf evangelischer Seite oft eine ‚verantwortungsethische‘ und eine ‚prophetische‘, den status confessionis beschwörende Position miteinander im Streit liegen. Die Bekenntnisfrage stellt sich für das römische Lehramt stattdessen im individualethischen Bereich bei der Qualifikation bestimmter Akte wie der Abtreibung oder der künstlichen Antikonzeption als „in sich schlechter“ Handlungen. Katholiken fühlen sich, salopp gesprochen, in der Regel eher ‚im Schlafzimmer' kirchlich bevormundet, auf evangelischer Seite begegnet diese Klage eher im Munde von Politikern, Militärs und Wirtschaftsmanagern.

Auch zum 40. Jahrestag des Kriegsendes und der deutschen Kapitulation haben sich die beiden Kirchen in getrennten Stellungnahmen geäußert. Gedenktage dieser Art werfen stets auch die Frage nach einer Mitschuld der Kirchen am Entstehen des Nationalsozialismus und an seinen Verbrechen auf. Obwohl beide Seiten in Schuldbekenntnissen und Vergebungsbitten sich zu ihrem Versagen bekannt haben, stehen doch die Differenzen im Kirchenverständnis wie auch in der Art der Verstrickung in das nationalsozialistische Unrecht einem gemeinsamen Reden in dieser Sache im Wege.

Weiter fällt auf, daß in den ersten Jahren des gemeinsamen Redens der katholischen und evangelischen Kirche die Texte fast nur auf evangelischer Seite kritisiert wurden, wo man ihnen eine Preisgabe der eigenen konfessionellen Tradition vorwarf, während katholische Kritik erst später, mit der Veröffentlichung von „Gott ist ein Freund des Lebens", einsetzt, jetzt allerdings von evangelikaler Seite bestärkt wird[196]. Das deutet auf Verschiebungen in der Argumentation der Texte hin, die es nun – in begrenzter Auswahl und nach Themen sortiert – genauer zu betrachten gilt.

a) Grundwerte in Staat und Gesellschaft

Als erste bikonfessionelle Stellungnahme ist die evangelisch-katholische Erklärung „Das Gesetz des Staates und die sittliche Ordnung" (1970) zu nennen, die zu der damals anlaufenden Justizreform Stellung bezog und vor allem gegen die geplante Reform der Ehescheidung (Einführung des Zerrüttungsprinzips), die Liberalisierung des Sittenstrafrechts und die Anpassung der Abtreibungsgesetzgebung Einspruch erhob. Sie stieß im evangelischen Raum auf breite Ablehnung. Ein „Autorenkreis" hatte an den für die angesprochenen Themenbereiche zuständigen Gremien der EKD vorbei den Text erarbeitet, der

---

[196] Vgl. den Kommentar von *Martin Honecker* zu „Gott ist ein Freund des Lebens", in: KNA-ÖKI 18, 25. Apr. 1990.

durch ein Vorwort des Ratsvorsitzenden und des Vorsitzenden der Deutschen Bischofskonferenz zu einem offiziellen Wort erhoben worden war. Die evangelische Kritik[197] zielte vor allem auf drei Punkte, um die auch in der Folgezeit immer wieder gestritten wurde:

– Probleme sind von der konkreten Situation her im Licht des Evangeliums zu durchdenken und nicht von oben herab durch eine vorgeblich zeitlose Ordnungstheologie zu beantworten.

– Mit dem von den Autoren vielfältig variierten Begriff einer den Gesetzgeber bindenden „Wertordnung" „von allgemeiner Gültigkeit" schwenkt die evangelische Seite auf die Linie des katholischen Naturrechts ein, ohne das erkenntnistheoretische Problem eines jedermann einsichtigen natürlichen „Sittengesetzes"[198] geklärt zu haben.

– Ein evangelisches Verständnis des kirchlichen Auftrags verträgt sich nicht mit lehramtlichem Autoritätsanspruch.

In der nächsten diesem Themenkreis gewidmeten Gemeinsamen Erklärung „Grundwerte und Gottes Gebot" (1979)[199] war es ein „Ansatz bei der Auslegung biblischer Texte", hier des Dekalogs, der eine gemeinsame Äußerung beider Kirchen „trotz unterschiedlicher Traditionen und katholischer Moraltheologie" ermöglicht hatte (Vorwort).

> „Für evangelische Christen besteht vornehmlich die Frage nach dem Verständnis der Bibel als der Grundlage aller ethischen Aussagen und damit nach dem Verhältnis von Evangelium als Heilsverkündigung und Gesetz als Lebensanweisung. Katholische Christen stehen in einer besonderen Tradition der Herleitung ethischer Forderungen aus der dem Geschaffenen innewohnenden Ordnung. Auftrag und Vollmacht der Kirche zu verbindlichen Aussagen über ethische Normen werden in den verschiedenen christlichen Bekenntnissen unterschiedlich beurteilt" (12).

---

[197] Stellvertretend: *Klaus Lefringhausen u. a.*, Gegendenkschrift: Das Gesetz der Moral und die staatliche Ordnung, Wuppertal 1971; *Trutz Rendtorff*, Christliche Gemeinsamkeit im Durchschnitt, ZEE 15, 1971, 176-178; *Karl-Heinrich Lütcke u. a.*, Offener Brief an den Ratsvorsitzenden, ebd. 178-180.

[198] Das Gesetz des Staates und die sittliche Ordnung, mit einem Vorwort hg. von Kardinal *Julius Döpfner* und Landesbischof D. *Hermann Dietzfelbinger*, Gütersloh/Trier 1970, 11. 12 u. ö.

[199] Gemeinsame Erklärung des Rates der EKD und der Deutschen Bischofskonferenz: Grundwerte und Gottes Gebot, Gütersloh/Trier 1979. Eingeklammerte Zahlen verweisen auf die Paragraphen der Erklärung.

Evangelische Kritiker warfen dem Text eine Gleichsetzung von Dekalog und Naturrecht vor, mit der die Zehn Gebote aus dem Kontext der biblischen Gottesoffenbarung herausgerissen und zum Ausdruck von Grundwerten gemacht würden[200]. Weiter wurde die Erklärung als Dokument einer „weltanschaulichen Kirche" gewertet, die gegen diagnostizierte Verunsicherungen sich selbst als „Gegenmittel" anempfiehlt und damit „Religion zu einem Herrschaftsmittel" funktionalisiert[201].

Die Erklärung hat dagegen aus der Sicht des Kirchenamtes der EKD den „Naturrechtsansatz überhaupt ganz aufgegeben" und sich bemüht, „auch kein Surrogat an seine Stelle zu setzen". Gegenüber dem nicht aus dem Naturrecht der katholischen Soziallehre, sondern aus der sozialdemokratischen Tradition stammenden Begriff „Grundwerte" übe die Erklärung Zurückhaltung; es gehe nur um „Grundüberzeugungen sehr allgemeiner Form", keineswegs um konkrete Einzelforderungen nach Art der alten Ordnungslehre. Man habe aber über das „formalistische Vakuum" hinauskommen wollen, das für evangelische Ethik kennzeichnend sei, und dabei bewußt auch das Gespräch mit den katholischen Moraltheologen gesucht[202]. Der Text positioniert sich für *Martin Honecker* zwischen den Extremen reiner Situationsethik und starrer Normenethik, indem er „Grundsätze" nennt, „an denen Situationen zu messen sind", und dazu paradigmatisch die zweite Tafel des Dekalogs heranzieht, ohne aber den historischen Kontext des Dekalogs auszublenden. Gegen den Ansatz der Studie könne man weder die ‚Liebe' noch die ‚Bergpredigt' ins Feld führen, weil erstere nicht Grundwert, sondern prüfende Instanz und letzere kein Moralkodex sei[203].

Zwischen dem Ansatz des Textes bei der „Evidenz des Ethischen" im Sinne einer „unmittelbare[n] Einsichtigkeit ethi-

---

200 *Hans-Richard Reuter*, Grundwerte als Gottes Gebot? ZEE 24, 1980, 74-76.

201 *Michael Weinrich*, Kirche in der Säkularisation, in: *Eberhard Mechels/ders.* (Hg.), Die Kirche im Wort, Neukirchen-Vluyn 1992 (222-246) 233-236.

202 Stellungnahme der EKD-Kirchenkanzlei zu H. H. Reuter, Grundwerte als Gottes Gebot? ZEE 24, 1980, 225-227.

203 *Martin Honecker*, Was sind Grundwerte wert? EK 13, 1980, 574-577.

scher Grundforderungen“ (9) und seiner Dekalogauslegung besteht jedoch eine deutliche Spannung: Kann man wirklich „den Zuspruch und Anspruch Gottes so vermitteln, wie sie als Einsicht und Erfahrung für jedermann Geltung beanspruchen können“, wie es in Nr. 13 heißt? Auch katholische Kommentare zur Erklärung sprachen von „einer zu großen Selbstverständlichkeit“, mit der hier, etwa in der Abtreibungsfrage, eine Konvergenz von natürlicher Vernunfteinsicht und Glaubenserkenntnis behauptet und eine freischwebende, unkorrumpierte Rationalität unterstellt werde[204]. Der Text versteht die Gebote der zweiten Tafel als „Grundnormen menschlichen Zusammenlebens“ (29), deren „humane Plausibilität“ (20) und „allgemeine Gültigkeit“ (28) sich der natürlichen Vernunft erschließen soll. Zugleich sollen sie aber „durch den Bezug auf die erste Tafel“ und den „Zuspruch der Zuwendung Gottes“ (28) „eine besondere Dringlichkeit“ (31) erhalten bzw. bei Abrücken der Gesellschaft von ihrer christlichen Begründung ihre Plausibilität und Tragfähigkeit verlieren (11).

Als diskussionsbedürftig erscheint auch das Staatsverständnis der Erklärung, das sich mit der katholischen Formel vom Staat als „Diener der Ordnung“ (Kardinal *Joseph Höffner*[205]) umschreiben läßt. Die Behauptung, „daß eine nur auf die äußere Organisation einer Ordnung menschlichen Zusammenlebens beschränkte, scheinbar wertfreie Staats- und Gesellschaftsordnung ihrem Auftrag nicht gerecht wird, für das Gemeinwohl zu sorgen und die aufgrund vernünftiger Einsicht bewährten Werte zu achten“ (31), scheint ein Verständnis des Staates zu unterstellen, das ihn nicht nur auf die Garantie von Recht und Ordnung, sondern auf eine naturrechtlich begründete Wahrheits- und Tugendordnung festlegen möchte. Sie veranschlagt den Umstand zu gering, daß auch eine ‚äußere‘ Ordnung friedlichen Zusammenlebens in pluralistischen Gesellschaften, die zwischen der formalen Allge-

---

[204] *Bernhard Fraling*, Grundwerte im ökumenischen Dialog, Cath. 34, 1980 (260-278) 271f.

[205] *Joseph Höffner*, Der Staat – Diener der Ordnung. Eröffnungsreferat bei der Herbstvollversammlung der Deutschen Bischofskonferenz in Fulda (Der Vorsitzende der Deutschen Bischofskonferenz 13), 22. Sept. 1986.

meinheit des Rechts und den subjektiven Wertorientierungen der einzelnen unterscheidet und die Freiheit des einzelnen durch einen institutionalisierten Respekt vor der Freiheit des anderen sichert, durchaus auf ethischen Wertorientierungen beruht. Die Position der Erklärung scheint hingegen dem Staat die Aufgabe zuzuweisen, in der „Bindung an gemeinsam anerkannte Werte" (13) den einzelnen gegen die potentiell ungerechte Mehrheitsherrschaft der Demokratie zu schützen, und beschwört damit überholte Vorstellungen eines Oberhalb der Gesellschaft, das sich Staat und Kirche als die beiden der Wesensnatur des Menschen entsprechenden Ordungsgebilde (*Höffner*) miteinander teilen.

Konkret machen sich divergierende Bewertungen der Leistungsfähigkeit des Strafrechts und der Aufgabe der Rechtsordnung auch in der Diskussion um die strafrechtliche Behandlung des Schwangerschaftsabbruchs oder die Registrierung gleichgeschlechtlicher Partnerschaften bemerkbar. Während eine Seite, die durch die katholischen Bischöfe und Protestanten vor allem des evangelikalen Flügels repräsentiert wird, dazu neigt, vom Staat die Durchsetzung bestimmter als allgemein-verbindlich erachteter Grundwerte zu fordern, möchte die Gegenposition ihn auf die Rolle eines Notars der faktischen Überzeugungen des Staatsvolkes beschränken und die Pflege der Grundwerte den Kirchen und Weltanschauungsgemeinschaften zuweisen[206]. Dem Wechselverhältnis von Ethos und Recht wird diese Auffassung nicht gerecht. Sie sieht aber richtig, daß mit der weltanschaulichen Neutralität des Staates impliziert ist, „daß die Wertordnung der Verfassung von den Bürgern auf unterschiedliche Weise religiös und weltanschaulich begründet werden kann", wie es in der Gemeinsamen Erklärung „Gott ist ein Freund des Lebens" heißt, und sittliche Grundsätze, die sich aus dem christlichen Glauben ergeben, nicht ohne weiteres den Staat und seine Rechtsordnung verpflichten. „Als Christen müssen wir uns vielmehr auf die allgemeinen Rechtsgrundsätze und die konkreten Vorschriften unserer Rechtsordnung stützen, aber zugleich argumentativ

[206] Zur Grundwertedebatte der siebziger Jahre *Otto Hermann Pesch*, Gesetz und Gnade, in: CGG 13 (5-77) 54-58; *Honecker*, Theologische Ethik, 225-233.

für unsere Grundsätze eintreten, um sie nach Möglichkeit konsensfähig zu machen“[207].

In dem evangelisch-katholischen Wort „Für eine Zukunft in Solidarität und Gerechtigkeit“ (1997)[208] ist der Begriff der Grundwerte, für die sich die Kirchen stark machen, eingegrenzt auf die „Voraussetzungen“, welche die Soziale Marktwirtschaft „nicht selbst herstellen und auch nicht garantieren kann, ohne die sie aber auf Dauer nicht lebensfähig ist“. Es sind die in dem durch die christliche Tradition mitgeprägten Menschenbild enthaltenen und miteinander verknüpften Grundwerte „Freiheit und persönliche Verantwortung“ sowie „Solidarität und soziale Verpflichtung“ (91).

„Die Kirchen treten dafür ein, daß Solidarität und Gerechtigkeit als entscheidende Maßstäbe einer zukunftsfähigen und nachhaltigen Wirtschafts- und Sozialpolitik allgemeine Geltung erhalten. Sie sehen es als ihre Aufgabe an, in der gegenwärtigen Situation auf Perspektiven des christlichen Glaubens für ein humanes Gemeinwesen, auf das christliche Verständnis vom Menschen und auf unveräußerliche Grundwerte hinzuweisen. Solidarität und Gerechtigkeit sind notwendiger als je. [...] Dem Egoismus auf der individuellen Ebene entspricht die Neigung der gesellschaftlichen Gruppen, ihr partikulares Interesse dem Gemeinwohl rigoros vorzuordnen. Manche würden der regulativen Idee der Gerechtigkeit gern den Abschied geben. Sie glauben fälschlich, ein Ausgleich der Interessen stelle sich in der freien Marktwirtschaft von selbst ein. Für die Kirchen und Christen stellt dieser Befund eine große Herausforderung dar. Denn Solidarität und Gerechtigkeit gehören zum Herzstück jeder biblischen und christlichen Ethik“ (2).

Allerdings kommt der Grundwert „Freiheit“, aus dem das Papier das Subsidiaritätsprinzip und die „Vorfahrt für Eigenverantwortung“ (27) ableitet, zumindest in dem titelgebenden Begriffspaar „Solidarität und Gerechtigkeit“ und in dem eben

---

[207] Gott ist ein Freund des Lebens. Gemeinsame Erklärung des Rates der EKD und der Deutschen Bischofskonferenz in Verbindung mit den übrigen Mitglieds- und Gastkirchen der AcK in der Bundesrepublik und Berlin (West), Gütersloh/Trier 1989, 56.

[208] Kommentierte Ausgabe: Für eine Zukunft in Solidarität und Gerechtigkeit. Eingeleitet und kommentiert von *Marianne Heimbach-Steins/Andres Lienkamp* (Hg.) unter Mitarbeit von *Gerhard Kruip* und *Stefan Lunte*, München 1997. Zitate aus dem Wort der Kirchen werden durch die Abschnittsnummer in Klammern ausgewiesen.

zitierten programmatischen Textabschnitt nicht hinreichend zum Ausdruck[209].

Grundwerte erfüllen eine Art Brückenfunktion zwischen Evangelium und Welt, Religion und Politik, Theologie und Gesellschaft[210]. In Gleichheit, Partizipation, Menschenwürde wie im Sozialstaatsgedanken findet die christliche Botschaft Entsprechungen. Als Brückenprinzipien können die Grundwerte aber nicht selbst von den Kirchen angemahnt werden. Wo die Kirchen Werte einschärfen, agieren sie wie andere gesellschaftliche Gruppen und sind noch nicht bei ihrem Proprium. Durch die Deklarierung zu „Grundwerten“ (20) werden die Zehn Gebote losgerissen von ihrem Grund im befreienden Handeln Gottes, der jedem Menschen konkreten Lebensraum zugedacht hat, und um ihre schöpferische, kritische Unruhe gebracht. So hätte etwa das Gebot „Du sollst nicht stehlen“ bei der deutschen Vereinigung nach 1990 eine andere Politik erfordert als die, die im Namen eines aus ihm herausgefilterten Grundwertes „Privateigentum“ realisiert wurde[211].

b) Wirtschaft und Soziales

Die erste gemeinsame Verlautbarung der beiden Kirchen im wirtschaftsethischen Bereich, „Soziale Ordnung des Baubodenrechts“ (1973), setzte sich für eine Verbreiterung des Bodenangebots zur Wohneigentumsbildung ein. Auf der Linie der päpstlichen Sozialenzykliken hatten zuvor katholische Gesellschaftswissenschaftler wie *Oswald von Nell-Breuning* als Ausdruck von „Gemeinwohlgerechtigkeit“ die Forderung nach breiter Eigentumsstreuung und teilweiser Umverteilung erhoben, der auch eine EKD-Denkschrift „Eigentumsbildung in sozialer Verantwortung“ (1962) unter Hinweis auf die wachsende Einkommenskluft zwischen Kapitaleignern und

---

209 *Martin Honecker*, Sozioökonomischer Supermarkt und kirchliche Angebote, ZEE 41, 1997 (263-271) 268.

210 Vgl. *Hartmut Kreß*, Ethische Werte und Gottesgedanke, Stuttgart-Berlin-Köln 1990.

211 Vgl. auch die Kritik an der Auslegung des 7. (bzw. 8.) Gebotes in „Grundwerte und Gottes Gebot“ bei *Fraling*, aaO. 277.

Lohnabhängigen Nachdruck verlieh. Der evangelisch-katholische Text von 1973 schlägt mit der Forderung nach einer Synthese von Freiheit und sozialer Gerechtigkeit und der Betonung der Sozialbindung des Eigentums einen Grundton an, der sich bis in das Wort „Für eine Zukunft in Solidarität und Gerechtigkeit" durchhält.

Diesem Wort[212] war nach dem Vorbild des Wirtschaftshirtenbriefs der katholischen Bischöfe der USA (1986) ein mehrjähriger Konsultationsprozeß auf der Basis eines Diskussionspapiers „Zur wirtschaftlichen und sozialen Lage in Deutschland" (1994) vorgeschaltet, der eine breite Beteiligung zu verzeichnen hatte. Der „Diskussionsgrundlage" hatte man eine appellative Tonlage, gesinnungsethische Verkürzung der Strukturprobleme und Fixierung auf Verteilungsaspekte vorgeworfen. Die Endfassung will den ökonomischen Aspekt ernst nehmen und mehr sein als ein „Sozialpapier"; sie will „die soziale *und* die wirtschaftliche Lage" im Blick behalten (6).

Lange Zeit haben die Kirchen zu Eigennutz und Wettbewerb eine unklare Haltung eingenommen. *Pius XI.* hatte in „Quadragesimo anno" erklärt, daß „Wettbewerbsfreiheit" innerhalb bestimmter Grenzen zweifellos von Nutzen, aber unmöglich regulatives Prinzip der Wirtschaft sein könne (DH 3741). Daß der Markt Eigeninteresse dem Gemeinwohl nutzbar macht und die Brötchen auf dem Frühstückstisch sich nicht dem Wohlwollen, sondern dem Gewinnstreben des Bäckers verdanken (*Adam Smith*), erschien bedenklich; für viele Christen begann das moralische Problem erst mit der Verteilung, das Produzieren der Güter verstand sich sozusagen von selbst und fiel aus der Ethik heraus. Eindeutig und endgültig spricht die katholische Soziallehre erst in CAn ihr Ja zum „ethischen Wert der Freiheit des Marktes und darin eingeschlossen des Unternehmertums"[213]. Privateigentum, Gewinnorientierung und Marktmechanismus sind moralisch gerechtfertigt, weil sie am wirksamsten allen Menschen den Zugang zu den Erdengütern erschließen (CAn 34. 43). Der Ka-

---

[212] Zu Entstehung, Struktur und Aussagegehalt des Textes vgl. die Kommentierung durch *Marianne Heimbach-Steins/Andres Lienkamp*, aaO., und die Beiträge im Themenheft ZEE 41, 1997, 249-302.

[213] *Johannes Paul II.*, Ansprache bei der Generalaudienz am 1. Mai 1991.

pitalismus wird als materialistische und konsumistische Ideologie und als Gesellschaftssystem zurückgewiesen, die kapitalistische Wirtschaftsweise dagegen, sofern sie Instrument in der Hand des Menschen bleibt, bejaht: gemeint ist „ein Wirtschaftssystem [...], das die grundlegende und positive Rolle des Unternehmens, des Marktes, des Privateigentums und der daraus folgenden Verantwortung für die Produktionsmittel, der freien Kreativität des Menschen im Bereich der Wirtschaft anerkennt" (CAn 42).

Im Jahr der deutschen Vereinigung legte die Herbstvollversammlung der Deutschen Bischofskonferenz mit ihrem Wort „Christliche Verantwortung in veränderter Welt" (28. Sept. 1990) einen kurzgefaßten Abriß katholischer Soziallehre für die Gestaltung der deutschen und der europäischen Zukunft vor. Danach muß sich die Gemeinwohlverpflichtung des Staates an den Grundwerten Freiheit, Gerechtigkeit und Solidarität orientieren, die es zugleich im Bewußtsein zu verankern gilt. Die Forderung der Bischöfe nach „subsidiärem Aufbau" der Gesellschaft zielt auf Förderung von Eigeninitiative, Abbau von Subventionen in der Wirtschaft, gezielte Zuwendung statt bloße Ausdehnung von Sozialleistungen, Förderung freier Träger der Wohlfahrtspflege und warnt vor der Aushöhlung der Familie: „Nichtfamiliäre Kinderbetreuung und -erziehung muß subsidiär bleiben und kann die Erfahrungen in der Familie niemals ersetzen."

Auf evangelischer Seite hat sich die im Wesentlichen noch vor der Vereinigung erarbeitete EKD-Denkschrift „Gemeinwohl und Eigennutz" (1991) erstmals auf die „spezifische Rationalität ökonomischen Handelns" eingelassen, statt Ethik einfach gegen die ökonomische Logik ins Feld zu führen. Zwar war der Protestantismus von Anfang an eine treibende Kraft bei der Marktwirtschaft, doch die theologische Ethik hat ihre marktkritische Einstellung erst allmählich revidiert zugunsten der Einsicht, daß „das Konzept der Sozialen Marktwirtschaft" geeignet ist, „die Rücksichtnahme auf die wirtschaftlich Schwächeren mit der Gewinnorientierung des wirtschaftlichen Systems zu vereinbaren"[214]. Der Wettbewerb wird in der

[214] Gemeinwohl und Eigennutz. Eine Denkschrift der EKD, Gütersloh 1991, Nr. 150. 149.

Denkschrift „unter ethischen Gesichtspunkten“ als „wirksames Entmachtungsinstrument“ und dem „eigentlichen Ziel der Güterversorgung“ dienendes Instrument gewürdigt und darin eingeschlossen auch „unternehmerische Handlungsfreiheit“ bejaht. Allerdings werden auch „Rahmenbedingungen“ gefordert, denn „aus sich heraus wäre Marktwirtschaft weder ökologisch noch mit der Forderung sozialer Gerechtigkeit noch mit der demokratischen Ausübung und Kontrolle von Macht verträglich“[215].

Das Wort der Kirchen von 1997 schließt hier an, wenn es sich für „die Erneuerung der wirtschaftlichen Ordnung auf ihre Weiterentwicklung zu einer sozial, ökologisch und global verpflichteten Marktwirtschaft“ (11) stark macht. Es folgt dem induktiven Ansatz des in der Tradition der Christlichen Arbeiterjugend (CAJ) beheimateten und in der Enzyklika „Mater et Magistra“ (1961) aufgenommenen Dreischritts „Sehen-Urteilen-Handeln“ und bewegt sich damit zwischen sachfremder Moralisierung und kriterienloser Verabsolutierung des Ökonomischen. Der Konsens im Grundsätzlichen verflüchtigt sich jedoch, sobald der Text Schritte zu konkreter Umsetzung vorschlägt und man es dann mit ‚gemischten‘ Normen zu tun bekommt, bei denen empirische Sachverhalte zu berücksichtigen sind, über die nur komparative Urteile möglich sind.

Den Kritikern war es ein Leichtes, auf Einzelanalysen und konkrete Empfehlungen im Wort der Kirchen hinzuweisen, die in Spannung zueinander stehen oder sich gegenseitig neutralisieren. Manche dieser Widersprüche wie die Absage an Sozialabbau bei gleichzeitiger Warnung von Strukturkonservatismus, das Nein zu reiner Marktlogik bei gleichzeitiger Betonung der Notwendigkeit von Flexibilisierung oder das Nebeneinander der Forderung nach einer Kultur der Selbständigkeit und des Rufs nach öffentlich geförderter Arbeit verweisen auf das Grundproblem: der ökonomischen Logik Rechnung zu tragen und zugleich soziale Rahmenbedingungen für Freiheit und Wettbewerb geltend zu machen. Gegen schlichte Umsetzung des Papiers haben sich die Autoren abgesichert, indem sie

---

[215] Ebd. 40. 150. 72. 6. 36.

„Prinzipien und Maßstäbe“ einerseits und „detaillierte politische und ökonomische Empfehlungen“ andererseits unterscheiden. Kompetenz beansprucht das Wort der Kirchen nur, wo es um den „Grundkonsens“ darüber gehe, „was dem solidarischen Ausgleich und zugleich dem Gemeinwohl dient“ (Vorwort).

Als ethische Argumentationsbasis der beiden Kirchen gibt das Wort eine lehrbuchartige Definition der „christlichen Soziallehre“:

> „Die soziale Botschaft, die die Kirchen auf der Grundlage des biblischen Ethos in wachsender Gemeinsamkeit im gesellschaftlichen Raum geltend machen, ist das Ergebnis der Reflexion über menschliche Erfahrungen in verschiedenen geschichtlichen Situationen und Kulturen. Die christliche Soziallehre ist darum kein abstraktes System von Normen; sie entspringt vielmehr der immer wieder neuen Reflexion auf die menschliche Erfahrung in Geschichte und Gegenwart im Licht des christlichen Menschenbildes. Sie gibt keine technischen Lösungen und konkreten Handlungsanweisungen, sondern vermittelt Perspektiven, Wertorientierungen, Urteils- und Handlungskriterien. Sie hat sowohl eine prophetisch-kritische wie eine ermutigende, versöhnende und heilende Funktion“ (102).

Ungewohnt ist auf evangelischer Seite die Rede von einer „sozialen Botschaft“ der Kirche, die hier indessen nicht überholte lehramtliche Ordungsvorstellungen beschwört, sondern sich auf die beiden Elemente „christliches Menschenbild“ und „biblisches Ethos“ bezieht: Die christliche Anthropologie enthüllt die unveräußerliche Personwürde des Menschen und seine von Gott gegebene Befähigung zu vernünftigem und verantwortlichem Handeln (93. 95); die geschichtlich-heilsgeschichtliche Erfahrung des Volkes Gottes gibt die Füllung durch ein Ethos aus der Erinnerung an die Geschichte des Erbarmens Gottes (96).

Aus dem christlichen Menschenbild gewann die katholische Soziallehre, die eigentlich eine Sozialphilosophie darstellte, ihre Sozialprinzipien, die ihr die Anschlußfähigkeit für Begründungsfragen des freiheitlichen, sozialen Rechtsstaates sicherten, während in der evangelischen Sozialethik das biblisch-theologische Element traditionell eine größere Rolle spielte. Die evangelischen Berührungsängste gegenüber der katholischen Soziallehre schwanden in dem Maße, wie diese, beginnend mit *Johannes XXIII.*, ihren deduktiv-naturrechtlichen Charakter zugunsten einer sozialen Reflexion aufgab, welche die Situation selbst als theologischen Ort der Erkenntnis akzeptiert. Zum Gedanken des „Sozialstaates“ hat die evangelische Kirche in Deutschland allerdings gerade im Zeichen der Abgrenzung *gegen* die katholische Soziallehre gefunden. In der Nachkriegszeit wurde der „Wohlfahrtsstaat“ zunächst noch als Bedrohung des Individuums und der kirchlichen Diakonie abgelehnt; in den sechziger Jahren hingegen tritt man evangelischerseits für die soziale Zuständigkeit des Staates ein, weil man den Staat unabhängig von einer kirchlichen Naturrechtslehre machen will, in deren Subsidiaritätsprinzip man eine Einbruchsstelle für Gruppenegoismus witterte[216]. Eine Stufenordnung der Gemeinschaften nach ihrer Personnähe, die im Bereich von Diakonie und Erziehung nach katholischen Vorstellungen einen prinzipiellen Vorrang kirchlicher Einrichtungen vor weltlichen Trägern begründen sollte, wurde mit Blick auf die Komplexität der hochindustrialisierten mobilen Gesellschaft bestritten. Nicht konfessionelle Versäulung, sondern Sozialstaat, Wahlfreiheit der Hilfeempfänger und partnerschaftliches Zusammenwirken freier und öffentlicher Träger der Wohlfahrtspflege galten als dem gesellschaftlichen Pluralismus angemessene Antwort.

Erst seit Beginn der siebziger Jahre richten evangelische Stellungnahmen ihr Augenmerk auf die Grenzen staatlichen Handelns. Die EKD-Denkschrift „Die soziale Sicherung im Industriezeitalter“ (1973) anerkannte die kritische Funktion des Subsidiaritätsprinzips gegenüber staatlichen Totalitätsansprüchen und „für die Entfaltung einer Verantwortlichkeit personaler Gebilde der Mitmenschlichkeit“[217]. Man hielt aber daran fest, daß ein ausgewogenes Verhältnis zwischen Sozialstaat und individueller Selbstbestimmung „mehr Sache der Erfahrung und der politischen Vernunft als einer vorgegebenen Lehre“ sei[218]. Aus dem Konzept der „verantwortlichen Gesell-

---

[216] *Martin Honecker*, Der Sozialstaat. Die Krise seiner Ethik, in: *ders./Hermann Josef Wallraff*, Sozialstaat in der Krise, Köln 1985 (9-32) 14f.

[217] EKD-Denkschrift: Die soziale Sicherung im Industriezeitalter (1973), in: Die Denkschriften der EKD, Bd. 2: Soziale Ordnung, Gütersloh 1978 (115-159) 126 (Nr. 17).

[218] Erklärung des Rates der EKD zur Denkschrift, aaO. 161f.

schaft" wird eine Verantwortung der Gesellschaft für die soziale Grundsicherung ihrer Glieder abgeleitet. Eine negative Interpretation des Subsidiaritätsprinzips, welche „auch bei großen sozialen Risiken" die im Staat vertretene Gemeinschaft erst im Fall der Überforderung der personalen Gemeinschaften eingreifen lassen will, wird zurückgewiesen[219]. Die EKD-Denkschrift „Verantwortung für ein soziales Europa" (1991) würdigt das Subsidiaritätsprinzip neben Solidarität, Partizipation, Gleichheit, Offenheit und Menschengerechtheit als pragmatische Zuständigkeitsregel, die partizipatorische Problemlösungen begünstigt und Förderungsmaßnahmen auf Hilfe zur Selbsthilfe verpflichtet[220].

Das Gemeinsame Wort von 1997 gewinnt aus dem christlichen Menschenbild als vollständige Grundwertformel den bereits zitierten Dual „Freiheit und persönliche Verantwortung wie Solidarität und soziale Verpflichtung" (91). Dem Komplementärverhältnis entsprechend gelten Solidarität und Subsidiarität als Leitperspektiven einer christlichen Sozialethik und unverzichtbare Bestandteile einer „soziale[n] Rahmenordnung" (149). Aus der doppelten Bedeutung von Subsidiarität als positive Verpflichtung und Begrenzung staatlichen Handelns ergibt sich einerseits die Absage an einen paternalistischen Versorgungsstaat im Namen von „Eigenverantwortung und Eigeninitiative" (121), andererseits die Mahnung, die kleineren Gemeinschaften, insbesondere Familien, nicht allein zu lassen, sondern ihnen die „Hilfe" zu geben, „die sie zum eigenständigen, Selbsthilfe- und gemeinwohlorientierten Handeln befähigt" (120).

Was die zweite Orientierungsgröße, das biblische Ethos, betrifft, so stellen die Kirchen nach dem Vorbild der US-Bischöfe die „Option für die Armen" als Gerechtigkeitskriterium heraus (105). Es verlangt einen Perspektivenwechsel, um wirtschaftliche und politische Entscheidungen aus der Sicht der Schwachen zu analysieren. Dadurch kann der sehr weite Begriff der „Gerechtigkeit", ein Schlüsselbegriff der biblischen Überlieferung (108), genauere Kontur erhalten. Dabei stehen

---

[219] AaO. 126 (Nr. 17).

[220] EKD-Denkschrift: Verantwortung für ein soziales Europa, Gütersloh 1991, 76f.

„Bedarfsgerechtigkeit" (Partizipationsmöglichkeiten des einzelnen im gesellschaftlichen Prozeß) und „Leistungsgerechtigkeit" (auf Leistung gegründeter Anspruch des einzelnen gegenüber dem Ganzen) in Spannung zueinander. Der Text nennt kein Kriterium zu ihrer Entschärfung, doch nach seiner Argumentationslogik wäre die Option für die Armen als eine Vorzugsregel zu betrachten, die nach sozialer Gerechtigkeit ruft[221].

c) Schutz des Lebens

In der Gemeinsamen Erklärung „Gott ist ein Freund des Lebens" werden erstmals die „Herausforderungen und Aufgaben beim Schutz des Leben" in ihrem theologischen Zusammenhang dargestellt und fünf Handlungsfelder – Embryonenforschung, Schwangerschaftskonflikt, Umgang mit behindertem Leben, Organtransplantation und Sterbehilfe – in den Blick genommen. Der ökologischen Herausforderung hatten die beiden Kirchen vier Jahre zuvor eine eigene Erklärung „Verantwortung wahrnehmen für die Schöpfung" (1985) gewidmet; der Text von 1989 beschränkt sich darum auf einleitende Überlegungen zum Schöpfungsauftrag des Menschen und zum Eigenwert seiner „Mitgeschöpfe" unbeschadet der „besonderen Würde menschlichen Lebens". Anläßlich der UN-Konferenz für Nachhaltigkeit und Entwicklung in Johannesburg 2002 haben der Rat der EKD und die Deutsche Bischofskonferenz gemeinsam die notwendige Trendwende zu nachhaltiger Entwicklung angemahnt und das kirchliche Engagement in den vier wichtigsten Handlungsfeldern (Bekämpfung der Armut, globaler Klimaschutz, Aufbau einer ökologisch-sozialen Marktwirtschaft auf nationaler und globaler Ebene und Erhöhung der Entwicklungsfinanzierung) aus folgender „Wertorientierung" begründet:

„Die christlichen Kirchen treten für eine weltweite Verständigung über die ethischen Grundlagen einer nachhaltigen Gesellschaft ein, wozu unter anderem die Anerkennung des Eigenwertes der Geschöpfe, das Eintreten

---

[221] *Heimbach-Steins* im Kommentar zu Nr. 108.

für die unbedingte Würde des Menschen, Initiativen für eine verantwortliche Gestaltung der Globalisierung sowie der Einsatz für Gerechtigkeit für die Ärmsten und für die künftigen Generationen gehören. Wesentliche Elemente der nachhaltigen Entwicklung haben die Kirchen im Rahmen des ökumenischen Prozesses für Frieden, Gerechtigkeit und Bewahrung der Schöpfung aufgenommen. Das Leitbild der nachhaltigen Entwicklung gehört zum Kernbestand christlicher Sozialethik. Dessen konkrete Bedeutung muß zusammen mit anderen ethischen Prinzipien für alle kirchlichen Handlungsfelder ausformuliert werden. Die Verständigung über die Bedeutung dieses Leitbildes muß auch im interreligiösen Dialog gesucht werden"[222].

Konnte man in der Vergangenheit noch den Eindruck haben, daß für die katholische Kirche individualethische Fragen, für die evangelische Seite eher sozialethische Aufgaben im Zentrum des Interesses standen, so stellt „Gott ist ein Freund des Lebens" mit aller Deutlichkeit den inneren Zusammenhang der Themen heraus:

„Wer den Skandal der hohen Abtreibungszahlen bekämpft, kann sich auch mit der Absurdität der Hoch- und Überrüstung nicht abfinden – und umgekehrt; wer Embryonen im Labor vor Forschungsexperimenten schützen will, muß auch für das Leben des ungeborenen Kindes im Mutterleib eintreten – und umgekehrt; wer sich für einen verbesserten Artenschutz und größere Achtung vor dem tierischen Leben einsetzt, darf es erst recht am Engagement für das Lebensrecht jedes menschlichen Wesens nicht fehlen lassen – und prinzipiell auch umgekehrt"[223].

Im Folgenden wird nur auf Themenbereiche eingegangen, in denen konfessionell unterschiedliche Ausgangspositionen bestehen oder bei denen die theologische Argumentation der Texte besondere Beachtung verdient.

Schwangerschaftsabbruch

Die katholischen Bischöfe hatten bei der deutschen Strafrechtsreform 1976 erklärt, daß sie sich mit der gesetzlichen Regelung des Schwangerschaftsabbruchs, die eine soziale Not-

---

[222] Stellungnahme der Deutschen Bischofskonferenz und des Rates der EKD zur UN-Konferenz für Nachhaltigkeit und Entwicklung in Johannesburg vom 5. Juli 2002.
[223] Gott ist ein Freund des Lebens, 20.

lagenindikation einführte, „nie abfinden“ würden. Die Erklärung der Glaubenskongregation über den Schwangerschaftsabbruch von 1974 schließt die Möglichkeit einer Entpönalisierung nicht grundsätzlich aus, verwirft aber entschieden jede Legalisierung: „Das menschliche Gesetz kann bisweilen auf eine Bestrafung verzichten, es kann aber nicht als sittlich gut und recht erklären, was dem Naturrecht widerstreitet, denn dieser Widerspruch genügt, um zu bewirken, daß das Gesetz kein Gesetz mehr ist“[224]. Definitiv und „in unfehlbarer Weise“[225] hat Johannes Paul II. in „Evangelium vitae“ die Abtreibung verurteilt. Unter Berufung auf die Petrus und seinen Nachfolgern von Christus übertragene Autorität und den weltweiten Konsens der Bischöfe stellt er fest, „daß die direkte, das heißt als Ziel oder Mittel gewollte Abtreibung immer ein schweres sittliches Vergehen darstellt, nämlich die vorsätzliche Tötung eines unschuldigen Menschen. Diese Lehre ist auf dem Naturrecht und auf dem geschriebenen Wort Gottes begründet, von der Tradition der Kirche überliefert und vom ordentlichen und allgemeinen Lehramt der Kirche gelehrt. Kein Umstand, kein Zweck, kein Gesetz wird jemals eine Handlung für die Welt statthaft machen können, die in sich unerlaubt ist, weil sie dem Gesetz Gottes widerspricht, das jedem Menschen ins Herz geschrieben, mit Hilfe der Vernunft selbst erkennbar und von der Kirche verkündet worden ist“ (Nr. 62).

Damit ist jeder Indikation, die einen direkten Abbruch der Schwangerschaft rechtfertigen könnte, eine Absage erteilt; nur indirekt, als nicht intendierte Nebenwirkung einer therapeutischen Maßnahme, kann ein Abortus nach der Argumentationsfigur der „Handlung mit Doppelwirkung“ (s. o.) in Kauf genommen werden. Doch wurden Moraltheologen bisher nicht gemaßregelt, welche die Auffassung vertreten, man dürfe bei doppelt vitaler Indikation, wenn ohne Abbruch sowohl die Mutter wie auch das Kind sterben würde, dem rettbaren mütterlichen Leben vor dem ohnehin unrettbaren Leben des Kin-

---

[224] Declaratio de abortu procurato, AAS 66, 1974 (730-747) Nr. 21. Zum Folgenden *Götz*, Medizinische Ethik und katholische Kirche, 150-160.

[225] Kommentar von *Tarcisio Bertone*, Sekretär der Glaubenskongregation, bei *Götz*, aaO. 160.

des den Vorzug geben. So will der Katholische Erwachsenen-Katechismus der deutschen Bischöfe „auch das Argument derer beachten, die es ethisch für vertretbar halten, daß von zwei sonst unrettbaren Leben wenigstens eines gerettet werden dürfe, zumal das Ziel der Handlung die Rettung von Leben sei“[226]. Manche Moraltheologen, die in diesem Fall von einer Notwehrsituation sprechen, in welcher der Embryo die Qualifikation „unschuldig“ verliere, berufen sich auf eine Stelle in „Evangelium vitae“, wonach der tödliche Ausgang einem Angreifer „auch für den Fall, daß er aus Mangel an Vernunftgebrauch moralisch nicht verantwortlich wäre“, zur Last zu legen sei (Nr. 55)[227].

Der Tatbestand der Abtreibung, der die von selbst eintretende Exkommunikation nach sich zieht (CIC c. 1398), beinhaltet nach einer Entscheidung der Codex-Kommission vom 19. Jan. 1988 nicht nur die „Austreibung der unreifen Leibesfrucht“, sondern „auch die Tötung der gleichen Leibesfrucht, unabhängig davon, auf welche Art und zu welcher Zeit nach der Empfängnis sie auch vorgenommen wird“. Aufgrund dieser Erweiterung des kirchlichen Straftatbestandes gilt auch eine Tötung außerhalb des Mutterleibes als Abtreibung, die vom Strafcanon getroffen wird. Darunter fallen die verbrauchende Embryonenforschung, aber auch die Methoden der Nidationshemmung. Nur besteht bei letzteren die Schwierigkeit, daß ein Kausalzusammenhang zwischen ihrem Einsatz und einer eingetretenen Abtreibung stets zweifelhaft bleiben muß, da mit den Mitteln der Medizin eine Schwangerschaft erst mit dem Augenblick der vollendeten Einnistung objektiv nachweisbar ist. Die Eingrenzung der römischen Antwort von 1988 auf die „unreife“, d. h. nicht lebensfähige Leibesfrucht impliziert, daß die Tötung einer lebensfähigen Leibesfrucht keine Abtreibung mehr, sondern ein Tötungsdelikt darstellt. Da heute aber medizinisch-technisch der unreife Fötus in immer früheren Phasen seiner Entwicklung am Leben erhalten werden kann, würde im katholischen Kirchenrecht der Tatbestand der Abtreibung immer mehr in den des Mordes übergehen (so bereits „Evangelium vitae“ [Nr. 58]), während im staatlichen Recht die Einleitung des Geburtsvorgangs die Trennlinie zwischen Abtreibungs- und Tötungsdelikt markiert[228].

---

226 Katholischer Erwachsenen-Katechismus, Bd. 2: Leben aus dem Glauben, Freiburg-Basel-Wien u. a. 1995, 292.

227 *Eduardo López Azpitarte*, La *Evangelium vitae* y el aborto terapéutico. Stromata 58, 2002, 297-310.

228 Zur kirchenrechtlichen Diskussion vgl. *Sabine Demel*, Abtreibung zwischen Straffreiheit und Exkommunikation, Stuttgart-Berlin-Köln, 1995, 268-279.

Wenn die katholische Kirche niemals das objektive Bestehen eines Schwangerschaftskonflikts anerkennt, selbst nicht bei einer kriminologischen Indikation, so spielt gewiß auch die im katholischen Rechtfertigungsparadigma begründete Auffassung der traditionellen Moraltheologie herein, daß der Mensch im Stand der Gnade jede Situation mit schuldlosen Händen bestehen könne und „die Befolgung des Gesetzes Gottes [...] niemals [...] unmöglich" (VS 102) sei. Die evangelische Ethik lehrt zwar auch, daß der Schwangerschaftsabbruch eine Tötung werdenden Lebens darstellt und keine strafrechtliche Freistellung von der Verantwortung vor Gott befreien kann. Sie kennt aber keine inhaltlichen Absoluta, weder ein absolutes Selbstbestimmungsrecht der Mutter noch einen absoluten Anspruch werdenden Lebens auf Geborenwerden[229], sondern nur das eine Absolutum des Gebotes Gottes, der die Annahme und den Schutz des Lebens will. Da des Menschen Rechtfertigung nicht in dem liegt, was er unternimmt oder meidet, kann aber eine evangelische Ethik den Konflikt nicht ausklammern. Was den moralischen Status des Embryos betrifft, so enthalten sich die Erklärungen der EKD einer anthropologischen Festlegung und bevorzugen die Umschreibung „ungeborenes Leben" o. ä., warnen aber zugleich davor, das Leben im Laufe seiner Entwicklung mit „verschiedenen Qualitäten und Wertungen" zu versehen[230].

Die EKD-Denkschrift zu Fragen der Sexualethik (1971) hatte die soziale Indikation als „nicht vertretbar" eingestuft, eine latent eugenische Befürwortung der „genetischen" und der „kindlichen" Indikation für „unzulässig" erklärt und nur die „mütterliche" Indikation als Konfliktfall anerkannt[231]. In einer Erklärung zu den Rechtsfragen des Schwangerschaftsabbruchs (1972) schlug die EKD vor, die „schwerwiegende Notlage" zum Oberbegriff zu machen, der alle andern Indikationen in sich begreift. Sie würde dann durch Gefährdung der Mutter, Schädigung der Leibesfrucht und aufgezwungene Schwangerschaft interpretiert und nicht einfach als Auffangtatbestand dienen für alle die Fälle, die sonst nicht unterzubringen sind[232].

---

[229] Z. B. *Karl Barth*, KD III 4, 1951, 474. 479f.
[230] Erklärung vom 5. April 1973, in: Die Denkschriften der EKD, Bd. 3, Gütersloh 1981, 234.
[231] Ebd. 158f.
[232] Stellungnahmen zum Thema Schwangerschaftsabbruch. EKD-Texte 14, 6.

Nach Auffassung des Rates der EKD müssen strafrechtliche Bestimmungen „die Unantastbarkeit ungeborenen Lebens zugrunde legen, zugleich aber auch einen Ausweg im Notfall vorsehen". Denn „es gibt Fälle, in denen eine Frau durch eine Schwangerschaft in eine solche Bedrängnis gerät, daß das Strafrecht ein Austragen der Leibesfrucht nicht erzwingen sollte". Doch sei ein vom Gesetzgeber straffrei gelassenes Verhalten damit noch nicht sittlich gerechtfertigt[233]. Der katholischen Auffassung vom Verhältnis des staatlichen Gesetzes zum natürlichen Sittengesetz fällt es schwerer, den grundsätzlichen Kompromißcharakter politischen Handelns anzuerkennen. Die Forderung nach Schutz jedes einzelnen ungeborenen Lebens schließt für sie ein politisches Abwägungskalkül aus, bei dem die durch eine Beratungslösung möglicherweise erreichbare höhere Zahl geretteter Kinder gegen die erhoffte geringere Zahl der dabei in Kauf zu nehmenden Tötungen aufgerechnet wird. In evangelischen Verlautbarungen wird die Sachgesetzlichkeit des Politischen mitbedacht, die Mehrheitsentscheidungen vorsieht und nur allgemeine Zielangaben für Entscheidungen zuläßt. Deshalb teilt die evangelische Seite trotz ethischer Bedenken nicht die grundsätzlichen Vorbehalte der katholischen Kirche gegen eine Fristenlösung mit Beratungspflicht. Als nach der deutschen Vereinigung der Gesetzgeber eine neue einheitliche Regelung zu treffen hatte, bekräftigten der Rat der EKD und die Konferenz der Evangelischen Kirchenleitungen des Bundes Evangelischer Kirchen in der ehemaligen DDR erneut: „Entscheidend ist auf jeden Fall der tatsächlich erzielte Schutz des ungeborenen Lebens. Alle Vorschläge müssen sich daran messen lassen, was sie zur Erreichung dieses Ziels beitragen"[234].

---

233 Erklärung vom 17. März 1972, in: Die Denkschriften der EKD, 213f.

234 Erklärung vom 20. Juni 1991. Ein Votum des Evangelischen Kirchenbundes der DDR vom 3. September 1990 unmittelbar vor der Vereinigung hatte sich überhaupt gegen eine strafrechtliche Regelung des Schwangerschaftsabbruchs ausgesprochen, weil Strafverfolgung der Tiefe des Konflikts nicht gerecht werde. In Westdeutschland hatten die beiden Kirchen in einer Erklärung ihrer Vorsitzenden vom 24. August 1990 ebenfalls die Konzentration der Debatte allein auf die Frage der strafrechtlichen Regelung als „mißlich" bezeichnet, darüber hinaus aber die „geltende Fristenregelung" der DDR, die der Frau ein „Recht" über die „Unterbrechung der Schwangerschaft" übertrug, als unvereinbar mit fundamentalen Überzeugungen des christlichen Glaubens erklärt.

Vermutlich ist es zu einem wesentlichen Teil auch der Zusammenarbeit der Kirchen im Konziliaren Prozeß für Gerechtigkeit, Frieden und Bewahrung der Schöpfung (s. u.) zuzuschreiben, daß in der bilateral erarbeiteten und von allen Kirchen der Arbeitsgemeinschaft christlicher Kirchen der Bundesrepublik mitgetragenen Erklärung „Gott ist ein Freund des Lebens“ (1989) „in fast überraschender Weise, ohne daß bleibende Unterschiede verschwiegen oder falsche Kompromisse geschlossen worden wären, ein sehr hohes Maß an Gemeinsamkeit erreicht“ (Vorwort) werden konnte.

Im Blick auf den moralischen Status des Embryos stellt die Gemeinsame Erklärung fest, daß es „keinen Grund [gibt], die Aussagen über die Gottebenbildlichkeit bzw. Würde des Menschen nicht auch auf das vorgeburtliche Leben zu beziehen“, verzichtet aber darauf, die Überzeugung von der Gottebenbildlichkeit in eine bestimmte anthropologische Aussage zu transponieren oder in direkt kausalem Rekurs auf den Schöpfer zu begründen, wie es in lehramtlichen katholischen Äußerungen geschieht, die eine unmittelbare Erschaffung der Geistseele durch Gott im Augenblick der Zeugung vertreten[235]. Nach einer Zusammenfassung der Erkenntnisse der embryologischen Forschung, die deutlich machen, daß der embryonale Entwicklungsprozeß „keine einsichtig zu machenden Einschnitte aufweist, an denen etwas Neues hinzukommt“, heißt es:

„Theologisch konstituiert die Anerkennung des Menschen durch Gott den Menschen als Person.“

„Beim vorgeburtlichen Leben handelt es sich somit nicht etwa bloß um ein rein vegetatives Leben, sondern um individuelles menschliches Leben, das als menschliches Leben immer ein werdendes ist. Es kann darum auch nicht strittig sein, daß ihm bereits ein schutzwürdiger Status zukommt und es nicht zum willkürlichen Objekt von Manipulationen gemacht werden darf.“

„So gibt es keinen Grund, die Aussagen über die Gottebenbildlichkeit bzw. Würde des Menschen nicht auch auf das vorgeburtliche Leben zu beziehen oder ihm den Anspruch gleichen Schutzes wie für das geborene Leben zu verweigern. [...] Gottes Annahme des ungeborenen menschlichen Lebens verleiht ihm menschliche Würde“[236].

[235] Vgl. etwa Donum vitae, 12.
[236] Gott ist ein Freund des Lebens, 42. 43f.

Nachdem die Erklärung festgestellt hat: „Schwangerschaftsabbruch soll nach Gottes Willen nicht sein“ und „Jedes Kind kann im Glauben angenommen werden als ein Geschenk Gottes“, kommt sie auf den Schwangerschaftskonflikt zu sprechen:

„In äußerster Zuspitzung können die betroffenen Menschen aber in ihrem Gewissen dem Konflikt ausgesetzt sein, daß sie Gottes Gebot wohl als für sich verbindlich anerkennen, aber dennoch angesichts der unerträglich erscheinenden Schwierigkeit, in die sie die Schwangerschaft gebracht hat, für sich keinen Weg sehen, das ungeborene Kind anzunehmen und also am Leben zu erhalten. Wenn in ganz besonderen und mit anderen Situationen nicht ohne weiteres vergleichbaren Fällen das Leben der Mutter gegen das Leben des Kindes steht und ein Schwangerschaftsabbruch aus medizinischen Gründen angezeigt ist, muß unausweichlich eine Entscheidung getroffen werden, die so oder so das Gewissen belastet. Konfliktlagen von dieser Schärfe können nicht allgemeinverbindlich aufgelöst werden.“

„Selbstbestimmung findet [...] ihre Grenze am Lebensrecht des anderen. Wer sie für sich selbst fordert, muß sie auch dem anderen zuerkennen. Darum kann das Selbstbestimmungsrecht der Frau keine Verfügung über das in ihr heranwachsende Leben begründen.

Wenn eine Schwangere sich nicht in der Lage sieht, das in ihr heranwachsende Leben anzunehmen, darf ihre Entscheidung, obwohl gegen Gottes Gebot, nicht pauschal und von vornherein als selbstherrliche Verfügung über menschliches Leben verurteilt werden. Die Gründe und Umstände, die zu einem solchen Schritt führen, sind vielmehr Herausforderung zum Gespräch, zum Mitfühlen und zu tatkräftiger Hilfe“[237].

In der Beurteilung der Aufgabe und der Möglichkeiten des Strafrechts notiert der Text einen evangelisch-katholischen Dissens, der bis heute besteht. Gemeinsam wird zunächst festgestellt, daß das ungeborene Leben nur „mit der Frau und nicht gegen sie zu schützen“[238] ist. Es wird daran erinnert, daß zwischen rechtlicher und moralischer Beurteilung zu unterscheiden ist. Weiter heißt es:

„In den straffrei gestellten Fällen des Schwangerschaftsabbruchs handelt es sich also nicht um eine prinzipielle Einschränkung des Schutzes für das ungeborene Leben und somit um ein Recht zur Abtreibung, son-

---

[237] Ebd. 68f.
[238] Ebd. 65.

dern um das notwendig unvollkommene Bemühen, eine rechtliche Regelung für nicht auflösbare Konfliktsituationen zu treffen"[239].

„Die katholische Kirche hat stets erklärt, daß sie sich mit der geltenden Rechtslage nicht abfinden könne und nicht abfinden werde. Sie strebt nicht einfachhin eine Rückkehr zum früheren Rechtszustand an, ist aber der Auffassung, daß die §§ 218ff StGB nicht für unantastbar erklärt werden dürfen, wenn nur durch eine Änderung – sicherlich in Verbindung mit anderen Maßnahmen – der Schutz ungeborenen Lebens verbessert werden kann.

Die Evangelische Kirche in Deutschland hat in ihren Stellungnahmen zur Reform des Abtreibungsparagraphen deutlich gemacht, daß die bestehende strafrechtliche Regelung des Schwangerschaftsabbruchs nicht völlig befriedigend ist, daß jedoch ein verbesserter Schutz des ungeborenen Lebens am ehesten von Gewissensbildung und Bewußtmachung sowie von sozialpolitischen Maßnahmen erwartet werden kann und sie deshalb keine Änderung der geltenden Rechtslage anstrebt. Hinsichtlich der Bewertung des Beitrags des Strafrechts zur Verhinderung von Schwangerschaftsabbrüchen werden innerhalb der evangelischen Kirche allerdings abweichende Auffassungen vertreten"[240].

Als eine weitere Differenz notiert die Erklärung „Gott ist ein Freund des Lebens", daß die evangelische Kirche die Familienplanung in die Verantwortung der einzelnen Christen stelle, zu deren Urteilsbildung die Kirche allerdings beitragen wolle, während katholische Ehegatten sich bei ihrem in Verantwortung vor Gott zu treffenden „Urteil über die Zahl der Kinder und den Abstand der Geburten wie über die Methode der Familienplanung" vom Gewissen leiten lassen müssen, „das sich ausrichtet am Gesetz Gottes und auf das Lehramt der Kirche hört"[241].

Die Position der Erklärung hat, wie bei ökumenischen Texten nicht anders zu erwarten, auch Widerspruch erfahren. Auf evangelischer Seite wurde ihr entgegengehalten, daß sie den Schwangerschaftskonflikt zur Glaubensfrage hochstilisiere; die Kirchenleitungen suchten in dieser Frage immer wieder den Konsens mit der katholischen Hierarchie, aber kaum den Dialog und den Konsens mit den Frauen in der eigenen Kirche.

---

[239] Ebd. 84 (geringfügig verändertes Zitat aus der Kundgebung der 7. EKD-Synode vom 6. Nov. 1987).

[240] Ebd. 85f.

[241] Ebd. 79.

Andererseits konnten sich konservative Katholiken daran stoßen, daß in der theologischen Begründung der Schutzwürdigkeit des ungeborenen Lebens und der Beurteilung des Schwangerschaftskonflikts die strenge Linie des römischen Lehramts in der Tat nicht zum Zuge kommt. Zugleich wird die Erklärung von 1989 auch als ein ökumenischer Parameter ins Spiel gebracht, an dem sich die Partner seither messen lassen müssen. So fragen Katholiken, ob der gemeinsame Boden der Erklärung nicht verlassen wird, wenn evangelischerseits manchmal eine völlige strafrechtliche Freigabe des Schwangerschaftsabbruchs für denkbar gehalten wird. Und während der gemeinsame Text den Katholiken bei der Familienplanung das Urteil auch über die anzuwendende Methode zugesteht, nehmen die katholischen Bischöfe in ihren eigenen Verlautbarungen – etwa in ihrer Handreichung zur Woche für das Leben 1991 – stillschweigend die Methodenfrage aus dem Bereich persönlicher Verantwortung heraus. Inzwischen ist auch der Konsens über die kirchliche Schwangerschaftsberatung in „Gott ist ein Freund des Lebens" zerbrochen. Hieß es dort ausdrücklich, daß sich die Beratungsarbeit mit ihren Zielsetzungen „aus dem Selbstverständnis der Kirchen" ableite und somit über die Intention des staatlichen Gesetzgebers hinausgehe[242], so ist das römische Lehramt nach der Neuregelung 1995 zu einer anderen Beurteilung der kirchlichen Mitwirkung in der staatlichen Schwangerschaftsberatung gelangt und hat den Ausstieg der Diözesen aus der staatlichen Beratung veranlaßt.

Nach streng naturrechtlichen Prinzipien *kann* der Staat aus katholischer Sicht den Schwangerschaftskonflikt gar nicht ‚regeln', weil das Lebensrecht von Ungeborenen ebenso wenig wie das eines geborenen Menschen Gegenstand einer Abstimmung sein kann. Selbst wenn eine bedingte Straffreistellung von Abtreibungen im Gesamtergebnis zu einer Verringerung der Abbrüche führen würde, kann sie nicht gerechtfertigt werden, weil jedes einzelne Leben zu schützen sei. Auch der Bundesgerichtshof hat noch 1953, als katholisches Naturrecht das

[242] Ebd. 70. Vgl. *Hermann Barth*, Schwangerschaftsabbruch. Katholische und evangelische Positionen, MdKI 42, 1991, 61f.

Klima der jungen Bundesrepublik bestimmte, in diesem Sinne entschieden[243].

Abgesehen von der Überschätzung der Möglichkeiten des Strafrechts kann gegen diese Argumentation eingewandt werden, daß sie das Prinzip „Jedes einzelne Leben ist zu schützen" über die einzelnen zu schützenden Leben stellt. Werden durch Beteiligung der Kirche im staatlichen Beratungssystem nachweislich mehr ungeborene Kinder gerettet als ohne ihre Mitwirkung – so die ursprüngliche Argumentation der deutschen Bischöfe –, dann rechtfertige eine solche Gesamtabwägung den Verbleib der Kirche im Beratungssystem[244]. Die mögliche Verwendung des von der Kirche ausgestellten Beratungsnachweises für eine straffreie Abtreibung war dabei als ungewollte Nebenwirkung in Kauf zu nehmen[245].

Daß es Situationen geben kann, in denen eine „Eindämmung des Bösen nur um den Preis einer gewissen äußeren Mitwirkung möglich ist", räumt auch der Papst ein. Solche „materiale" Mitwirkung muß schwerwiegende Gründe für sich haben. Will z. B. ein Parlament aufgrund schlechter Erfahrungen die Straffreiheit für Abtreibungen an schärfere Voraussetzungen binden, dann dürfen katholische Abgeordnete, sofern vollständige Aufhebung des Abtreibungsgesetzes nicht möglich ist, einem solchen Gesetz zustimmen. Bei der Mitwirkung der Kirche in der staatlichen Schwangerschaftskonfliktberatung handelte es sich nach Meinung Johannes Pauls II. jedoch um eine verwerfliche Mitwirkung am Bösen, bei der die Handlung „wegen der Form, die sie in einem konkreten Rahmen annimmt, als direkte Beteiligung an einer gegen das unschuldige Menschenleben gerichteten Tat oder als Billigung der unmoralischen Absicht des Haupttäters bezeichnet werden muß"[246]. Die Moraltheologie spricht von „implizit-formaler Mitwirkung", sofern der Mitwirkende die schlechte Handlung

---

243 *Werner Esser*, Ungeeignetes Instrument. Argumente gegen den „Schein" aus der Feder eines Juristen, RM Nr. 15, 10. 4. 1998.
244 *Franz Kamphaus*, Die Eindeutigkeit des Zeugnisses in einer widersprüchlichen Umwelt, Frankfurter Allgemeine Zeitung, 4. Febr. 1998.
245 *Peter Knauer*, Schwangerschaftskonfliktberatung und Beratungsschein, StZ 123, 1998 (246-252) 251.
246 Evangelium vitae, 73. 74.

zwar nicht – wie bei der „explizit-formalen" Mitwirkung – direkt als solche mitbeabsichtigt, „jedoch eine Mithilfe leistet, von der er weiß, daß sie eine unerläßliche Voraussetzung für das Tun des Haupthandelnden ist"[247].

Organspende, Hirntod, Sterbehilfe

(a) Die anfänglichen Vorbehalte des römischen Lehramts gegen Organtransplantationen[248] entsprangen einer engen Auslegung des „Totalitätsprinzips", wonach die Opferung eines Organs dem Wohl des Ganzen dienen und dem Träger des Gliedes selbst zugute kommen muß. Ein teleologischer Gedankengang hat zur Ablösung dieser ‚physischen' Deutung des Prinzips durch eine altruistische Auffassung geführt, die in der lateinischen Editio typica des KKK von 1997 in der Feststellung gipfelt, daß die Organspende nach dem Tod eine „edle und verdienstvolle Tat ist und als Ausdruck großherziger Solidarität gefördert werden soll" (*actus nobilis et meritorius atque alliciendus tamquam generosae solidarietatis manifestatio*, 2296).

In Deutschland haben die Kirchen sich ohne große Schwierigkeiten auf eine Grundsatzaussage zur Organverpflanzung in „Gott ist ein Freund des Lebens" verständigen können. Ihr folgte ein Jahr später eine umfangreichere Erklärung der EKD und der Bischofskonferenz, die sich auch zu den Fragen einer rechtlichen Regelung äußert. Zur ethischen Beurteilung bemerken die beiden Kirchen:

> „Kein Mensch ist zu einer Gewebe- oder Organspende verpflichtet und darf deshalb auch nicht dazu gedrängt werden. Die Entscheidung über eine Lebendspende seiner Organe kann nur der einzelne persönlich treffen. Auch Eltern dürfen nicht über die Organspende ihres Kindes entscheiden; lediglich in eine Gewebespende (z. B. Knochenmarkspende) dürfen sie einwilligen. [...]
>
> [...] Es muß auch beachtet werden, daß sich zwischen Spender und Empfänger keine problemgeladene Beziehung entwickelt (Abhängigkeit, unangemessene Dankbarkeit, Schuldgefühle).

---

[247] *Anselm Gunthör*, Anruf und Antwort. Handbuch der katholischen Moraltheologie, Bd. 3: Der Christ in der Gemeinschaft, Vallendar-Schönstatt 1994, 170.

[248] Zum Folgenden *Götz*, aaO. 180-195.

Aus christlicher Sicht gibt es keinen grundsätzlichen Einwand gegen eine freiwillige Organspende. Bedenken ergeben sich nur aus der Möglichkeit des Mißbrauchs (z. B. Organhandel).

Nach christlichem Verständnis ist das Leben und damit der Leib ein Geschenk des Schöpfers, über das der Mensch nicht nach Belieben verfügen kann, das er aber nach sorgfältiger Gewissensprüfung aus Liebe zum Nächsten einsetzen darf. Das schließt eine Entschädigung von Aufwendungen für die Gewebe- und Organspende nicht aus, verbietet aber einen dadurch erstrebten Gewinn" [249].

Die Kirchen plädieren für eine rechtliche Regelung, die auf der freien Einwilligung des Spenders basiert, ohne aber eine Widerspruchsregelung apodiktisch abzulehnen. Gewissermaßen als „Treuhänder des postmortalen Persönlichkeitsrechts des Verstorbenen" können auch Angehörige bei Fehlen einer ausdrücklichen Zustimmung dem mutmaßlichen Willen des Verstorbenen zur Geltung verhelfen; gegen eine zu Lebzeiten erklärte Zustimmung haben sie kein Einspruchsrecht.

Aufgrund des Totalitätsprinzips stellte die Organspende von Lebenden für die traditionelle Bewertung ein besonderes Problem dar. Heute halten die Kirchen die Lebendspende zwischen Verwandten oder Ehegatten für vertretbar. Eine Entnahme von unpaarigen lebenswichtigen Organen wäre „stets rechtswidrig"[250] und käme ethisch einer Selbsttötung gleich.

Wegen der weit auseinander klaffenden Schere zwischen Organspenden und Organbedarf haben die beiden Kirchen auch gemeinsame Überlegungen zu Chancen und Risiken der Übertragung von tierischen Organen auf den Menschen (Xenotransplantation) veröffentlicht (1998). Abgesehen von noch nicht behobenen medizinischen Ungewißheiten über die Verträglichkeit beziehen sich die ethischen Bedenken der Kirchen auf die Gefahr einer Instrumentalisierung von Menschen und Tieren zu Forschungszwecken und auf die technologische Verfügbarmachung von Tieren, die für die Xenotransplantation gentechnisch manipuliert werden müssen[251].

---

[249] Organtransplantationen. Erklärung der Deutschen Bischofskonferenz und des Rates der EKD (Gemeins. Texte 1), Hannover/Bonn 1990, 13.
[250] Ebd. 11.
[251] Xenotransplantation (Gemeins. Texte 14), Hannover/Bonn 1998.

(b) Als Kriterium für die sichere Feststellung des Todes vor der Entnahme menschlicher Gewebe und Organe erkennen die beiden Texte von 1989 und 1990 den Hirntod an.

„Der Hirntod bedeutet ebenso wie der Herztod den Tod des Menschen. Mit dem Hirntod fehlt dem Menschen die unersetzbare und nicht wieder zu erlangende körperliche Grundlage für sein geistiges Dasein in der Welt. Der unter allen Lebewesen einzigartige menschliche Geist ist körperlich ausschließlich an das Gehirn gebunden. Ein hirntoter Mensch kann nie mehr eine Beobachtung oder Wahrnehmung machen, verarbeiten und beantworten [...]. Nach dem Hirntod fehlt dem Menschen zugleich die integrierende Tätigkeit des Gehirns für die Lebensfähigkeit des Organismus: die Steuerung aller anderen Organe und die Zusammenfassung ihrer Tätigkeit zur übergeordneten Einheit des selbständigen Lebewesens, das mehr und etwas qualitativ anderes ist als eine bloße Summe seiner Teile. Hirntod bedeutet also etwas entscheidend anderes als nur eine bleibende Bewußtlosigkeit, die allein noch nicht den Tod des Menschen ausmacht“[252].

Einzelne evangelische Theologen werteten diese These als Ausdruck einer dualistischen Anthropologie. Der Hirntod markiere nur den Eintritt eines unaufhaltsamen Sterbeprozesses, sei aber nicht gleichzusetzen mit dem Tod als Ende des Sterbens. Eine ganzheitliche Auffassung des Verhältnisses von Leiblichkeit und Personalität verbiete es, „aus pragmatischen Gründen in den Prozeß des Sterbens einzugreifen und ihn partiell aufzuhalten“[253]. Auch eine Orientierungs- und Entscheidungshilfe der Berlin-Brandenburgischen Kirche zur Organtransplantation erklärt: „Der Tod tritt [...] während der Organentnahme ein“. Organentnahmen von hirntoten Menschen wären danach Tötungshandlungen; die Organspende könnte dadurch für Christen den Charakter eines Opfers ihres Lebens in der Nachfolge Christi bekommen.

Diese Argumente erscheinen nicht durchschlagend[254]. Die Kirchen haben nicht beansprucht, mit dem Hirntodkriterium

---

[252] Organtransplantationen, 15.

[253] *Klaus Peter Jörns*, Organtransplantation: eine Anfrage an unser Verständnis von Sterben, Tod und Auferstehung. BThZ 9, 1992 (1-39) 21.

[254] Vgl. *Hartmut Kreß*, Leben spenden. Der Hirntod legitimiert Organentnahmen. EK 30, 1997, 289-291; Bischof *Karl Lehmann*, „Reales Zeichen des Todes“. Klerusblatt 77, 1997, 7.

die Wirklichkeit des Todes und des Sterbens erschöpfend zu beschreiben, sondern die Formel gebraucht, daß der Hirntod, verstanden als „Tod des Gesamthirns", ein „reales Zeichen des Todes"[255] ist bzw. den Tod „bedeutet". Wenn der Ganzhirntod für einen Menschen das Ende seiner geistigen und empfindenden Existenz sowie das Ende seiner leiblichen Einheit bildet, dann widerspricht das Ganzhirntodkriterium nicht den normativen Vorgaben des abendländischen und christlichen Menschenbildes und der unantastbaren Menschenwürde (*Hartmut Kreß*). Damit ist auch die Befürchtung gegenstandslos, daß bei der Organtransplantation ein Leben gegen ein anderes unter dem Gesichtspunkt seines Lebenswertes aufgerechnet würde. Der deutsche Katholische Erwachsenen-Katechismus bekräftigt darum zu Recht:

„Die Feststellung des Hirntodes ist ein sicheres Anzeichen dafür, daß der Zerfall des ganzmenschlichen Lebens nicht mehr umkehrbar ist. Es ist von diesem Zeitpunkt an vertretbar, Organe für eine Organverpflanzung zu entnehmen"[256].

(c) Zur aktiven Sterbehilfe („Euthanasie"), die in den Niederlanden seit 1991, in Belgien seit 1992 unter bestimmten Bedingungen gesetzlich erlaubt ist, haben die Kirchen in Deutschland mehrfach Erklärungen vorgelegt, deren Tenor sich auf den Nenner bringen läßt: „Sterbebegleitung statt aktiver Sterbehilfe"[257]. In einer Textsammlung gleichen Titels heißt es: „Wir plädieren durchaus für selbstbestimmte Vorsorge der Patienten. Wir wissen aber auch um Maß und Grenzen solcher Selbstbestimmung. Oft wird ein Tötungswunsch schwerstkranker und sterbender Menschen aus der Verzweiflung geboren." in der Tötung sehen die Kirchen jedoch eine „Bankrotterklärung an die Menschlichkeit". Die Alternative zur Euthanasie müsse lauten: „So viel medizinische, schmerztherapeutische, menschliche und seelsorgliche Zuwendung wie möglich."

---

[255] Gott ist ein Freund des Lebens, 104.
[256] Katholischer Erwachsenen-Katechismus, Bd. 2, 316.
[257] Titel einer Textsammlung der EKD und DBK (Gemeins. Texte 17), Hannover/Bonn 2003.

Die beiden Kirchen haben sich auch praktisch engagiert, indem sie im Rahmen der seit 1994 gemeinsam begangenen „Woche für das Leben" immer wieder das Thema angesprochen[258], zusammen mit den AcK-Kirchen ein Formular „Christliche Patientenverfügung" vorgelegt und sich – mit Verspätung – für die aus Großbritannien und USA kommende Hospizbewegung stark gemacht haben.

Die Grenze zwischen ethisch unzulässiger, in Deutschland auch bei ausdrücklicher Zustimmung des Patienten gesetzlich verbotener „aktiver" Sterbehilfe und rechtlich wie ethisch zulässiger „passiver" Sterbehilfe wird von den Kirchen folgendermaßen gezogen: Erstere bedeutet die „gezielte Tötung eines Menschen", letztere „zielt [...] auf ein menschenwürdiges Sterben ab durch den Verzicht auf eine lebensverlängernde Behandlung bei einem unheilbar kranken Menschen, der sich im Sterben befindet"[259]. Die Patientenverfügung nennt als Bedingung für den Verzicht auf lebensverlängernde Maßnahmen den Eintritt des unmittelbaren Sterbeprozesses oder einen absehbaren nicht behebbaren Ausfall lebenswichtiger Funktionen, der zum Tod führt.

Im Blick auf das Risiko der Lebensverkürzung bei palliativmedizinischer Schmerzlinderung bezieht sich das Gemeinsame Wort „Gott ist ein Freund des Lebens" zur ethischen Beurteilung auf das Prinzip der „Handlung mit Doppelwirkung" (s. o.):

„Wenn das Eintreten des Todes nicht beabsichtigt ist, Zweck des Handelns vielmehr ist, das noch verbliebene Leben eines Sterbenden erträglich zu machen, so kann das tödliche Risiko als Nebenwirkung hingenommen werden. Auch in diesem Fall gilt, daß bei einem nicht mehr äußerungsfähigen Patienten der Arzt aufgrund seines ärztlichen Wissens überzeugt sein muß, sein Tun sei unter den gegebenen Umständen zum Besten des Patienten"[260].

---

[258] Gemeinsames Wort „Im Sterben: Umfangen vom Leben" zur Woche für das Leben 1996 „Leben bis zuletzt – Sterben als Teil des Lebens" (Gemeins. Texte 6), Hannover/Bonn 1996. Zu den Argumentationstypen: *Walter Schöpsdau*, Zur Euthanasiefrage. MdKI 32, 1981, 68-73.

[259] Handreichung und Formular der DBK und der EKD: „Christliche Patientenverfügung", 2003², Einführung.

[260] Gott ist ein Freund des Lebens, 108.

In „Gott ist ein Freund des Lebens“ haben die Kirchen einen Konsens formuliert, der Präimplantationsdiagnostik, Forschung an embryonalen Stammzellen und therapeutisches Klonen praktisch ausschließt[261]. Forschung am ungeborenen Leben billigen sie nur insoweit, „wie sie der Erhaltung und der Förderung dieses bestimmten individuellen Lebens dient“, sodaß man besser von „Heilversuchen“ sprechen sollte. „Gezielte Eingriffe“ an Embryonen, die dagegen „ihre Schädigung oder Vernichtung in Kauf nehmen, sind nicht zu verantworten – und seien die Forschungsziele noch so hochrangig.“ Der Umstand, daß auch in der Natur viele menschliche Embryonen vor der Nidation absterben, eignet sich nach Auffassung der Studie nicht als Rechtfertigung für einen verbrauchenden Umgang mit überzähligen Embryonen. Der Text erinnert an die „schwerwiegende[n] Bedenken“, die von den Kirchen in getrennten Erklärungen gegen die In-vitro-Fertilisation vorgebracht wurden. Die Begründungen in diesen Erklärungen sind jedoch nicht deckungsgleich. Die lehramtliche Verwerfung der künstlichen Befruchtung als „in sich unerlaubt“ basiert auf einer aktmoralischen Betrachtung des Vorgangs (s. o.). Die EKD rät zwar auch bei Eheleuten zu „genereller Zurückhaltung“ aus Gründen „der leib-seelischen Ganzheit des Zeugungsvorgangs“; das Hauptargument bilden aber die „heute noch nicht absehbaren Folgen“ des medizinischen Verfahrens, vor allem die Entstehung überzähliger Embryonen[262].

Zwischen dem Rat der EKD und der Deutschen Bischofskonferenz besteht, wie es im Arbeitsheft für die „Woche für das Leben“ 2002 heißt, Einmütigkeit in der „entschiedenen Ablehnung von Präimplantationsdiagnostik und embryonaler Stammzellforschung“. Der EKD-Text „Im Geist der Liebe mit dem Leben umgehen“ hat sie erneut bekräftigt[263]. Doch haben

---

[261] Ebd. 63-65.

[262] Von der Würde werdenden Lebens. Eine Handreichung der EKD zur ethischen Urteilsbildung, Nov. 1985 (EKD-Texte 20), 11.

[263] Von Anfang an das Leben wählen statt auswählen. Arbeitsheft zur Woche für das Leben 2002, 27; Im Geist der Liebe mit dem Leben umgehen, 5. Vgl. auch das Statement von Präses *Kock* auf der Pressekonferenz zur Woche für das Leben am 15. März 2002.

sich namhafte evangelische Ethiker von der Position des Rates der EKD abgegrenzt. Aber auch in der katholischen Kirche vertreten nicht alle Moraltheologen die Linie der Bischöfe und des Lehramtes. Es verdient Erwähnung, daß das genannte Arbeitsheft den vor allem in der evangelischen Kirche bestehenden Dissens nicht verschweigt und in der Rubrik „Die andere Meinung" mit *Hartmut Kreß* einen der Kritiker zu Wort kommen läßt.

Die Auseinandersetzung entzündet sich an der Frage des moralischen Status früher menschlicher Embryonen. In der tutioristischen Überzeugung, daß es gut ist, den Embryo „proleptisch und vorsorglich" (*Ulrich H. J. Körtner*) von Anfang „wie/als eine Person" zu schützen, besteht Übereinstimmung vom römischen Lehramt bis zu den evangelischen Kritikern der EKD-Position[264]. Die Frage ist jedoch, wie diese Zuschreibung in eine plausible Korrelation zu den biologischen Befunden gebracht werden kann, wenn es sich nicht um eine willkürliche metaphysische oder religiöse Setzung handeln soll. Die Prädikate der Gottebenbildlichkeit oder der Personwürde können nur vom Menschen ausgesagt werden, aber ab wann ist vom Dasein eines Menschen auszugehen? Ist eine einzelne totipotente Zelle, die vielleicht nur vorübergehend aus einer Blastozyste entnommen wurde, ein Mensch?[265]

Die offiziellen Texte des römischen Lehramtes sagen zwar nicht, daß Embryonen vom Augenblick der Verschmelzung von Ei- und Samenzelle Personen *sind*, lassen aber keinen Zweifel daran, daß sie „ob lebensfähig oder nicht, wie alle menschlichen Personen geachtet werden müssen"[266]. Diese Würde des Embryos darf niemals einem Kalkül folgenorientierter Handlungsbeurteilungen geopfert werden, wie es etwa

[264] Donum vitae, aaO. 15; *Hartmut Kreß*, Personwürde am Lebensbeginn, ZEE 43, 1999 (36-53) 44; *Ulrich H. J. Körtner*, Embryonenschutz und medizinischer Fortschritt, ZEE 46, 2002 (6-19) 11.

[265] Vgl. *Johannes Fischer*, Vom Etwas zum Jemand. Warum Embryonenforschung mit dem christlichen Menschenbild vereinbar ist. Zeitzeichen 1/2002, 11-13.

[266] Donum vitae, aaO. 17; vgl. KKK 2274. Doch konnte Papst *Johannes Paul II.* gegenüber George W. Bush embryonale Stammzellenforschung mit Kindesmord gleichsetzen (nach Frankfurter Allgemeine Zeitung, 24. Juli 2001).

zur Forschung an ‚überzähligen', ohnehin der Vernichtung entgegengehenden Embryonen aufgeboten werden könnte. Nachdem das Lehramt schon die In-vitro-Fertilisation kategorisch verwirft (s. o.), enthält es sich auch jeder Stellungnahme zu der auf ihr basierenden Präimplantationsdiagnostik mit ihren selektiv-eugenischen Aspekten. Dagegen fällt das lehramtliche Urteil über die vorgeburtliche Diagnostik „positiv" aus, wenn sie nicht mit dem Gedanken einer möglichen Abtreibung verbunden, sondern auf individuellen Schutz und Heilung des Embryos ausgerichtet ist[267]. Zum gleichen Ergebnis gelangt eine gemeinsame Erklärung der beiden großen Kirchen in Deutschland „Wieviel Wissen tut uns gut?" (1997): Pränatale Diagnostik kann den Entschluß zum Kind trotz einer Risikoschwangerschaft erleichtern, die Eltern in vielen Fällen von Ängsten befreien und ihnen gegebenenfalls helfen, sich frühzeitig auf die Geburt eines behinderten Kindes vorzubereiten, wenn Therapiemöglichkeiten fehlen[268].

In den Wochen vor der Beschlußfassung des Deutschen Bundestages über den Import embryonaler Stammzellen haben sich der Vorsitzende der Deutschen Bischofskonferenz Kardinal *Lehmann* und der EKD-Ratsvorsitzende Präses *Kock* in einem offenen Brief an die Abgeordneten noch einmal gegen jede Abstufung des Lebensschutzes ausgesprochen. „Dem Embryo in vitro [...] sind Lebensrecht und uneingeschränkter Lebensschutz vom Zeitpunkt der Befruchtung an geschuldet." Therapie- oder Heilungsaussichten für bisher unheilbare Krankheiten könnten „eine Vernichtung embryonaler Menschen" nicht rechtfertigen[269]. Die Bezeichnung „embryonale Menschen" wird im Arbeitsheft der Woche für das Leben 2002 von der Geschäftsführerin der Glaubenskommission der Deutschen Bischofskonferenz *Ursula Beykirch* gebraucht, während der evangelische Bischof *Wolfgang Huber* in seinem Beitrag nur von Embryonen spricht. Er sieht mit der In-vitro-Fertilisation einen Rubikon überschritten, weil durch sie „der

---

267 Donum vitae, aaO. 15.

268 Wieviel Wissen tut uns gut? Gemeinsames Wort der Deutschen Bischofskonferenz und des Rates der EKD (Gemeins. Texte 11), Hannover/Bonn 1997.

269 KNA-Dokumentation 18. Jan. 2002.

Embryo vor der Implantation überhaupt zum Objekt menschlichen Handelns“ wurde. Je weiter aber die Handlungsmöglichkeiten reichten, umso weiter reichten auch die Schutzverpflichtungen; deshalb könne der Hinweis auf die relative Schutzlosigkeit des Embryo vor der Nidation in natura nicht verfangen.

Vom offiziellen Standpunkt der beiden Kirchen aus handelt es sich bei jedem Embryo vom Zeitpunkt der Verschmelzung von Ei- und Samenzelle um einen „sich entwickelnden Menschen, unabhängig von dessen tatsächlichen Entwicklungsmöglichkeiten“. Nach der gegenteiligen Auffassung der Kritiker „kann von einem sich entwickelnden Menschen nur gesprochen werden, wenn die äußeren Umstände für eine Entwicklung gegeben sind“; dies trifft vor allem für jene künstlich erzeugten Embryonen zu, die keine Chance haben, jemals in einen Uterus eingepflanzt zu werden, sondern dem Absterben preisgegeben sind[270]. Überlegungen dieser Art finden sich nicht nur bei den schon genannten und anderen evangelischen Ethikern, sondern vereinzelt auch auf katholischer Seite[271]. Vertreter dieser Position halten bei einer verantwortungsethischen Abschätzung von Handlungsfolgen und gewissenhafter Überprüfung von Zwecken und Mitteln an normativen Wertmaßstäben die Freigabe der Präimplantationsdiagnostik unter strengen Auflagen für denkbar, sofern durch sie eine viel problematischere spätere Abtreibung im Mutterleib vermieden werden könnte. Die EKD sieht dagegen „keinen Widerspruch“ zwischen ihrem Nein zur Präimplantationsdiagnostik und der Straffreiheit des Schwangerschaftsabbruchs[272]. Mit einer Abtreibung wird auf eine unverschuldete Konfliktsituation *reagiert*, während Präimplantationsdiagnostik bewußt eine Situation *herbeiführt*, in der Leben getestet wird mit dem *Ziel* seiner möglichen Vernichtung.

---

[270] Im Geist der Liebe mit dem Leben umgehen, 21f. 44.

[271] *Johannes Gründel*, Theologisch-ethische Implikationen einer Güterabwägung. Zur Debatte (Kath. Akademie Bayern), Sondernummer 2001, 28-30; *Christian Kummer SJ*, Soll man das therapeutische Klonen verbieten? StZ 219, 2001, 198-201.

[272] Vgl. Ethische Orientierung der EKD für die Debatte über die neuen Entwicklungen in den Bereichen Biologie und Medizin vom 8. Juli 2001. Dt. Kurzfassung in: Europa-Informationen Nr. 85, August 2001.

Vertreter der Alternativposition beurteilen auch Stammzellenforschung an ohnehin zum Absterben verurteilten ‚überzähligen' Embryonen differenzierter als die offiziellen kirchlichen Stellungnahmen. Selbst therapeutisches Klonen wird nicht von vornherein verworfen, sofern darunter die Erzeugung und Kultivierung von geklonten Stammzellen zur Erzeugung eines genetisch identischen Gewebeimplantats verstanden wird. Dabei wird eine unbefruchtete Eizelle mit dem Erbgut des Patienten ausgestattet, die Entwicklung des Keims aber noch vor der Implantation unterbrochen, um die noch voll differenzierungsfähigen (pluripotenten) Embryonalzellen als embryonale Stammzellen zu vermehren und zum Ersatz von geschädigtem Gewebe zu verwenden. Die Zerstörung der Embryonen bei Entnahme des Stammzellenmaterials kann aus der Sicht von *Christian Kummer* deshalb hingenommen werden, weil sie überhaupt nicht im Hinblick auf das Entwicklungsziel ‚menschliches Individuum' erzeugt wurden. Einem ausdrücklich zu therapeutischen Zwecken hergestellten künstlichen Zellkonstrukt (das in nicht allzu ferner Zukunft ohnehin aus jeder beliebigen Körperzelle des Patienten ohne den Umweg über eine Eizelle gewonnen werden kann) könne nicht dasselbe Recht auf Leben zukommen wie einer mit dem Ziel der Fortpflanzung in vitro befruchteten Eizelle, nur weil beide zu einem bestimmten Zeitpunkt der Entwicklung dieselbe Struktur aufweisen. Andernfalls würde die Besonderheit der Zeugung zu einem willensunabhängigen Automatismus degradiert. Was jene in scholastischer Terminologie (s. o.) zu einem „actus humanus" macht im Unterschied zum bloßen „actus hominis", liegt bei einer solchen teleologischen Argumentation auf der Ebene der Handlungsintention, während die aktmoralische Sicht des Lehramts zu einem ganz anderen Urteil gelangt.

Beide Kirchen sind sich darin einig, daß christliche Ethik sich nicht auf normative Abwägung von Entscheidungsfällen beschränken kann, sondern auch die Wahrnehmung von Leben und Leiblichkeit und damit auch bereits die Problemstellungen beeinflussen muß. Sie erinnern an die „Begrenztheit und Endlichkeit, Verletzlichkeit und Gebrechlichkeit" des Lebens, an seinen Charakter als Gabe Gottes und an die Verheißung des ewigen Lebens[273]. Freilich wird sowohl der Position der Kirchen als auch derjenigen der Kritiker von feministischer Seite eine Vernachlässigung der Frauenperspektive vorgeworfen. Die abstrakte Orientierung allein am moralischen Status des Embryos führe zur „faktische[n] Gleichsetzung Frau = Retorte“[274].

2. Praktische Zusammenarbeit der Kirchen

Die praktische Zusammenarbeit der Kirchen im Blick auf ethische Herausforderungen in der Gesellschaft hat in Deutschland ein beeindruckend hohes Maß erreicht. Das liegt zum einen daran, daß sich evangelische und katholische Kirche als Partner von annähernd gleicher Größe gegenüberstehen, zum anderen an der besonderen Ausgestaltung des Verhältnisses von Staat und Kirche, das die beiden großen Kirchen in vielen Bereichen als Partner des Staates in Anspruch nimmt und sie dadurch zu einem gemeinsamen Vorgehen nötigt. Der Ausstieg der katholischen Diözesen aus der von der Abtreibungsgesetzgebung vorgeschriebenen Schwangerschaftskonfliktberatung bedeutete erstmals ein Verlassen des gemeinsamen Engagements an einem wichtigen Punkt. Allerdings war und ist die Mitwirkung der Kirchen im staatlichen Beratungssystem auch innerevangelisch nicht unumstritten. Vor allem in evangelikalen Kreisen wird mit ähnlichen Argumenten wie in den Papstbriefen ein Ausstieg der Kirche als deutlicheres Zeichen für die unantastbare Würde des ungeborenen Lebens angesehen.

Im Folgenden sollen zwei Beispiele von Kooperation auf internationaler Ebene vorgestellt werden, an denen auch die Schwierigkeiten deutlich werden können, die mit den Differenzen im Kirchenbegriff, im sozialethischen Ansatz und im Stil kirchlichen Redens zusammenhängen.

---

[273] Gott ist ein Freund des Lebens, 11. 17; Organtransplantationen, 18-20.

[274] *Eva Pelkner*, Frauenbild und Fortpflanzungsmedizin in der neueren evangelischen Ethik, EvTh 61, 2001 (60-79) 70.

a) SODEPAX

Im Jahre 1968, als der Entwicklungsgedanke und der Aufbruch der ökumenischen Bewegung nach dem Zweiten Vatikanischen Konzil sich miteinander verflochten, kam es zwischen dem Vatikan (vertreten durch die Päpstliche Kommission „Justitia et Pax") und dem Ökumenischen Rat der Kirchen zur Gründung eines Ausschusses für Gesellschaft, Entwicklung und Frieden SODEPAX (Abkürzung für „Society, Development, Pax")[275]. Die ÖRK-Konferenz für Kirche und Gesellschaft in Genf (1966) und die Enzyklika „Populorum progressio" (1967) konvergierten in einem optimistischen Entwicklungsgedanken. Fragen der Befreiung und der Revolution standen zur gleichen Zeit auf der Tagesordnung des ÖRK (Uppsala 1968) und der römisch-katholischen Kirche (Medellín 1968). SODEPAX wurde ausdrücklich als „ökumenisches Experiment" ins Leben gerufen und bestand bis zum 31. Dezember 1980. Auf der Basis von vier Mandaten (1968–1971; 1972–1975; 1976–1978; 1979–1980) ging SODEPAX auf lokale Initiativen ein und arbeitete in sechs Programmbereichen vor allem zu Fragen der Entwicklung und der Friedensarbeit (in Nordirland gelang die Einleitung eines Friedensprozesses), einer gerechten Weltwirtschaftsordnung, eines neuen Lebensstils und der Zusammenarbeit mit Menschen anderer Religionen.

Die Schwierigkeiten begannen schon mit, daß zunächst in der Schwebe blieb, ob SODEPAX eher die Möglichkeiten einer kirchlichen Annäherung zwischen Genf und Rom ausloten oder eine weltweit Gehör findende christliche Linie in der Friedensethik und der Entwicklungspolitik artikulieren sollte. Als 1972 klar wurde, daß Rom nicht in absehbarer Zeit dem ÖRK beitreten würde, verlor SODEPAX seine vorbereitende Rolle. Dazu kam der strukturelle Unterschied zwischen den

---

[275] Zum Folgenden die Artikel von *John Lucal* in: Ökumene-Lexikon, Frankfurt a. M., 2. Aufl. 1987, 1114-1116, und *Tom Stransky* in: Dictionary of the Ecumenical Movement, Geneva 1991, 937f; *Darril Hudson*, The World Council of Churches in International Affairs, Leigthon Buzzard 1977; *Wolfram Stierle*, Chancen einer ökumenischen Wirtschaftsethik, Frankfurt a. M. 2001, 283-339.

[276] De justitia in mundo (1971), in: Texte zur katholischen Soziallehre (525-547) Nr. 37.

Trägern: auf der einen Seite eine weltweit verfaßte Kirche mit zentraler Autorität, auf der anderen Seite ein Rat von Kirchen, der stets um einen Schritt von den Entscheidungsstrukturen seiner Mitglieder entfernt ist. Als sich aus den einzelnen lokalen und nationalen Initiativen für Frieden und Entwicklung eigene SODEPAX-Gruppen entwickelten, wuchs der personelle und finanzielle Bedarf. Programmarbeit und Arbeitsstil ließen SODEPAX fast zu einer unabhängigen dritten Größe werden. Der Ausschuß sollte eine Verbindungsstelle zwischen „Justitia et Pax" und der ÖRK-Programmeinheit Gerechtigkeit und Dienst bilden, entwickelte aber so viel eigene Aktivität, daß der ganze weite Bereich sozialer Zusammenarbeit auf das begrenzt zu werden schien, was SODEPAX selbst unternahm.

Darüber hinaus machten sich theologische und sozialethische Differenzen bemerkbar. Der positiven Haltung des Ausschusses zur Aufgabe der Bevölkerungspolitik und zu verantwortlicher Familienplanung stand die Position der 1968 erschienen Enzyklika HV gegenüber, die Fragen der Empfängnisverhütung einer freien Diskussion entzog. Die Enttäuschung der siebziger Jahre über die ungenügenden Erfolge der Entwicklungsprogramme, die der Befreiungstheologie einen neuen Aufschwung gab, erschwerte auch eine gemeinsame Linie der christlichen Sozialethik. Das Antirassismus-Programm des ÖRK (1969) sorgte für Irritationen innerhalb des ÖRK wie zwischen Genf und Rom. Seit 1972 wuchs im Vatikan das Unbehagen über die vergleichsweise radikale Haltung von SODEPAX zu Fragen der Entwicklung und des Rassismus. Divergierende Einstellungen zu Methoden sozialen und politischen Wandels und zur Beziehung von Kirche und Gesellschaft kamen hinzu.

Rückblickend benannte Kardinal *Basil Meeking* noch einmal die neuralgischen Punkte: Rom und der ÖRK hätten keine Übereinstimmung darüber erzielt, welche Mittel dem Geist des Evangeliums in der Verwirklichung von Gerechtigkeit und Frieden angemessen seien. Die katholische Kirche begreife ihre soziale Aufgabe im Rahmen ihrer spezifischen Mission der Versöhnung. *Meeking* zitiert eine Äußerung vor der Römischen Bischofssynode 1971 (auf der die „Forderung nach Gerechtigkeit in der Welt" zum integralen Bestandteil der kirchlichen Verkündigung erklärt wurde[276]): „Jene Gerechtigkeit, die Heiligkeit ist, ist das Hauptfundament der sozialen Gerechtigkeit. [...] Eine rein menschliche Gerechtigkeit, die auf Macht gegründet ist, [...] verändert nicht die Herzen, befreit nicht die Menschen, sie herrscht über Rebellen"[277]. Die Position der katholischen Amtskirche teilt mit der Befreiungstheologie „den ungeteilten Einsatz für die volle Befreiung des Menschen" (Bischofssynode) und die Option für die Armen, doch gilt ihr die Forderung nach Parteilichkeit als Preisgabe des Versöhnungskonzepts und Eintragung des Klassenkampfes in die Kirche. Die Kirche verkündet durch ihr soziales Lehramt die Prinzipien der „justitia socialis" und schafft zugleich die Voraussetzung für ihre Verwirklichung, indem sie durch Verkündigung und sakramentalen Heiligungsdienst die übernatürliche „caritas socialis" in den Herzen der Menschen wirkt.

Das Kommuniqué über die Auflösung von SODEPAX schob vor allem das Strukturproblem als Ursache in den Vordergrund. Doch wird auch eine Verschiedenheit im Ansatz bedauert. „Die Soziallehren der Kirchen", schreibt ein Kommentator, „lassen, bei aller Gemeinsamkeit in konkreter Projektarbeit, Divergenzen nicht übersehen. Vermutlich hat bei der bisher wenig effizienten Arbeit auch die strukturelle Verschiedenheit des Heiligen Stuhls und des ÖRK eine größere Rolle gespielt. Der ÖRK scheint konkrete Projektarbeit bevorzugt zu haben, wogegen man seitens des Heiligen Stuhls wohl eher an eine richtliniengebende Tätigkeit dachte, die keine Kompetenzschwierigkeiten mit den Ortskirchen hervorrufen würde. Auch die Abhängigkeit von der Päpstlichen Kommission und den Lehraussagen des jeweiligen Papstes ist ein Faktor, der die vatikanischen Vertreter in ihrem Handlungsspielraum stärker beeinträchtigte als die keiner derartigen Autorität verantwortlichen Vertreter des ÖRK"[278].

---

[277] *Basil Meeking*, „Sodepax" – ein ökumenisches Experiment. OR dt. 3. Okt. 1980. Vgl. auch den Rückblick im 5. Bericht der Gemeinsamen Arbeitsgruppe der Römisch-katholischen Kirche und des ÖRK (1983), DWÜ II 689f. Zum Ganzen: *Ronald Preston*, Convergence and Divergence in Social Theology. The Roman Catholic Church and the World Council of Churches, EcRev 40, 1988, 194-203.

[278] KNA-Informationsdienst 4. Sept. 1980, zit. bei *Reinhard Frieling*, Der Weg des ökumenischen Gedankens (Zugänge zur Kirchengeschichte 10), Göttingen 1992, 310.

Die Aufgabe, „Möglichkeiten des Dialogs und der Zusammenarbeit [zu] erkunden" und „gemeinsam bestimmte Probleme zu untersuchen", wird seither von der 1965 ins Leben gerufenen „Gemeinsamen Arbeitsgruppe der Römisch-katholischen Kirche und des ÖRK" wahrgenommen[279]. Die Konzentration auf theologische Reflexion entspricht der Akzentverschiebung von aktiven Anregungen zu sozialethischer Studienarbeit, die bereits 1972 in der Kommission „Justitia et Pax" stattgefunden und zu den Spannungen im Verhältnis von SODEPAX zu den Auftraggebern beigetragen hat. Der „Gemeinsamen Arbeitsgruppe" ist das erste Dokument über die Relevanz ethischer Fragen für das gemeinsame Zeugnis der Kirchen zu verdanken, das in Teil III. vorgestellt wird.

b) Konziliarer Prozeß für Frieden, Gerechtigkeit und Bewahrung der Schöpfung

Auch der Verlauf des „Konziliaren Prozesses für Frieden, Gerechtigkeit und Bewahrung der Schöpfung" mit seiner abschließenden „Weltkonvokation" in Seoul (1990) ist von der ekklesiologischen Problematik und den Schwierigkeiten einer ökumenischen sozialen Theorie und Praxis überschattet[280]. Schon der Ruf nach einem „Konzil des Friedens" (Deutscher Evangelischer Kirchentag in Düsseldorf 1985) schuf Probleme für eine Beteiligung der römisch-katholischen und der orthodoxen Kirchen, für die der Begriff „Konzil" normativ festgelegt ist, weshalb sich schließlich der weniger Verbindlichkeit signalisierende Begriff „konziliarer Prozeß" (seit der ÖRK-Vollversammlung in Vancouver 1983) durchsetzte. In Deutschland war die römisch-katholische Kirche als Mitglied

---

[279] Erster offizieller Bericht der Gemeinsamen Arbeitsgruppe (1966), in: DWÜ I (586-597) 586.

[280] Zu den Stationen und den Ergebnissen vgl. *Wolfgang Lienemann*, Frieden (ÖStH 10), Göttingen 2000, 177-184; *ders.*, Gerechtigkeit (ÖStH 3), Göttingen 1995, 181-189; *Heinrich Bedford-Strohm*, Schöpfung (ÖStH 12), Göttingen 2001, 122-154; *Walter Schöpsdau*, Schwierigkeiten einer ökumenischen Sozialethik. MdKI 40, 1989, 48-50; *Margot Käßmann*, Zwischen Basel und Seoul. MdKI 41, 1990, 17-19; *Erich Geldbach*, Nach Seoul kann und muß es weitergehen, ebd. 25f.

der Arbeitsgemeinschaft christlicher Kirchen im Westen wie im Osten an dem Prozeß voll beteiligt (Königstein 1988, Stuttgart 1988 – Dresden 1988, Magdeburg 1988, Dresden 1989). Auf europäischer Ebene führte das Zusammenwirken der Konferenz Europäischer Kirchen und des Rates der Bischofskonferenzen Europas zu der eindrucksvollen Europäischen Versammlung von Basel (1989), der 1997 noch einmal eine Zweite Europäische Versammlung in Graz folgte, die allerdings mit einer veränderten Thematik infolge der weltpolitischen Umbrüche konfrontiert war.

Der Übergang des Konziliaren Prozesses für Frieden, Gerechtigkeit und Bewahrung der Schöpfung zu einer ökumenischen Versammlung auf Weltebene hatte zum einen mit der ekklesiologischen Asymmetrie zwischen Genf und Rom zu kämpfen und drohte zum anderen an der kontextuellen Differenz der europäischen Perspektive und der Perspektive der südlichen Hemisphäre zu scheitern. Die Ablehnung des Vatikans, die Weltkonvokation von Seoul voll mitzutragen, wurde von ihm mit der „Unterschiedlichkeit beider Größen" (*different nature of the two bodies*) begründet. So lag die Versammlung von Seoul in der alleinigen Verantwortung des ÖRK, doch nahmen eine von Rom entsandte Gruppe von Fachberatern und auch reguläre katholische Delegierte als Vertreter nationaler Christenräte teil. Inhaltlich hatte sich infolge der Veränderungen der politischen Rahmenbedingungen die Zielsetzung des konziliaren Prozesses von der nuklearen Bedrohung zu Fragen der Ökologie und der Gerechtigkeit verschoben. Doch gelangte man in Seoul nicht zu einer gemeinsamen Analyse; für die Delegierten aus Afrika besaß die Frage weltweiter Gerechtigkeit Vorrang vor der (auf das Konto der westlichen Welt und ihres Lebensstils gehenden) ökologischen Herausforderung. Doch gelang es im Schlußdokument, die Gerechtigkeitsfragen noch stärker als in Basel mit den Fragen der Schöpfung zu verknüpfen.

Das Abschlußdokument der Europäischen Versammlung von Basel integriert eine Pluralität theologischer Perspektiven. Neben dem durch ostkirchliche Perspektiven vertieften *Schöpfungsgedanken* wird die *Personwürde* als Kriterium humanen Fortschritts bemüht; der *Bund Gottes* soll den Menschen als Partner und Mitarbeiter motivieren; göttliche *Dreieinigkeit* und *eucharistische Gemeinschaft* liefern Modelle einer Gemeinschaft (*koinonia*) der Liebe. Der Vorbereitungstext von Seoul konzentriert sich auf den Leitgedanken des Bundes; das Versagen der Politik, die mangelnde Solidarität mit der leidenden Menschheit und Mitwelt und die geforderte politische Richtungsänderung wurden dementsprechend von Delegierten in den Kategorien von „Bruch des Bundes" und „Bundeserneuerung" zur Sprache gebracht.

Dieser Bekenntnisstil, der Begriffe wie „Schöpfung" oder „Bund" zu funktionalisieren droht, um Handlungsdruck zu erzeugen und der eigenen Position höhere Legitimation zu verschaffen[281], erschwert regelmäßig eine Verständigung mit römisch-katholischer Soziallehre (s. o.), deren Vertreter in Seoul zu Recht gerade ein Zuwenig an Theologie und ein Zuviel an Politik monierten. Für die Analyse und Bearbeitung konkreter Sachfragen trägt solche Bekenntnisrhetorik nichts aus. Auf dem Weg von der prophetischen Rede zu politischen Empfehlungen sind Zwischenargumente nötig, um die sich die Ethik zu bemühen hat. Ethik kann politisches Handeln informieren, aber nicht determinieren, weil ihm die Bedingungen der jeweiligen Situation vorgegeben sind.

In den Beratungen und Dokumenten des konziliaren Prozesses begegnen letztlich auch keine neuen Sacheinsichten. Im Forderungskatalog der Europäischen Versammlung von Basel stehen Einzelvorschläge nebeneinander, deren Kompatibilität miteinander fraglich ist – eine Schwierigkeit, die auch dem Wort der deutschen Kirchen zur wirtschaftlichen und sozialen Lage anhaftet (s. o.). In der Zielsetzung des konziliaren Prozesses lag von Anfang an eher die Frage nach kirchlichen Selbstverpflichtungen und nach dem Engagement, das die Christen aus der Heilszusage Gottes und der Dynamik des Reiches Gottes in das Ringen um Frieden, Gerechtigkeit und Bewahrung der Schöpfung einbringen können.

---

[281] So die Kritik etwa von *Trutz Rendtorff* und *Friedrich Wilhelm Graf* (auch im Blick auf die bioethische Debatte), bei *Schöpsdau*, aaO.; *Bedford-Strohm*, aaO.

III. OFFENE FRAGEN

Neben den gemeinsamen Verlautbarungen der Kirchen zu aktuellen ethischen Fragen, die sich entweder an die Christen oder an die Öffentlichkeit wenden, stehen wenige gemeinsame Texte, in denen die Ethik selbst in ihrer Bedeutung für den Glauben und für das Miteinander der Kirchen zum Gegenstand gemacht wird. Sie geben Aufschluß über die Differenzen und offenen Fragen, die im letzten Abschnitt noch einmal aufgegriffen werden sollen.

1. Ökumenischer Dialog über ethische Fragen

Grundfragen wie die Relation von Glaube und Handeln, von Gottes Heilszusage und Gottes Gebot kommen überall dort zur Sprache, wo ökumenische Dokumente das Heil in Christus, das Evangelium von der Rechtfertigung oder die Gegenwart Christi in Kirche und Welt zum Gegenstand haben. Ein evangelisch-katholischer Dialog über die Frage, wie es von der Glaubensüberzeugung zu ethischen Positionen kommt, auf welchem Wege ethische Normen begründet werden und welches Gewicht einer Divergenz in materialethischen Einzelfragen zukommt, wurde seit 1967 immer wieder angemahnt, doch lange Zeit hatte sich nur der methodistisch/römisch-katholische Dialog[282] der Frage angenommen. Erst 1995 veröffentlichte die Gemeinsame Arbeitsgruppe des ÖRK und der Römisch-katholischen Kirche ein Studiendokument „Der ökumenische Dialog über ethisch-moralische Fragen: Potentielle Quellen des gemeinsamen Zeugnisses oder der Spaltung“[283]. Der gleichen Problematik ist eine Gemeinsame Erklärung der Zweiten internationalen anglikanisch/römisch-ka-

[282] Zu nennen ist vor allem das dritte Dialogdokument, der „Honolulu-Bericht“ von 1981, der in einem Abschnitt „Sittliche Entscheidungen des Christen“ methodische Probleme der Ethik und als Einzelfrage die christliche Ehe thematisiert, DWÜ I, 467-473.

[283] Dokumentiert in: ÖR 45, 1996, 355-370. Im Folgenden zitiert als AG mit Abschnittsangaben.

tholischen Kommission (ARCIC II) „Life in Christ: Morals, Communion and the Church“ gewidmet, die 1994 veröffentlicht wurde. Das erstgenannte Dokument vertritt das Spektrum der ÖRK-Mitgliedskirchen, ist also nur bedingt ein Dokument des evangelisch-katholischen Dialogs. Die Studie von ARCIC II dagegen vermag aufgrund ihrer bilateralen Ausrichtung die materialethischen Einzeldissense (Sexualität, Ehe und Familie, Wiederverheiratung Geschiedener, Empfängnisverhütung, Abtreibung, homosexuelle Beziehungen) unter direkter Bezugnahme auf die Lehräußerungen beider Kirchen zu behandeln; sie verdient auch deswegen Beachtung, weil sie in Folgebeiträgen eine Fortschreibung im Blick auf das Verhältnis zu Positionen der päpstlichen Moralenzyklika von 1993 erfahren hat[284]. Auf lutherischer Seite hat sich eine Konsultation des Straßburger Instituts für Ökumenische Forschung mit VS beschäftigt, deren Beiträge das Bild abrunden[285].

Der Erfahrung, daß der Dienst an der Gesellschaft im Blick auf die neuen ethischen Herausforderungen die getrennten Kirchen zusammenzuführen vermag, steht die andere Erfahrung gegenüber, daß Differenzen in Grundfragen der Ethik wie in normativen Einzelfragen einer größeren Gemeinschaft der Kirchen noch eher im Wege stehen als die dogmatischen Streitpunkte, die im Zeichen des Pluralismus ohnehin einer gewissen Relativierung ausgesetzt sind. An der Frage gleichgeschlechtlicher Lebensgemeinschaften oder der Abtreibung scheiden sich eher die Geister als an klassischen dogmatischen Kontroversthemen wie Mariologie oder Erbsündenlehre. So muß genauer nachgefragt werden, in welcher Beziehung einzelne Überzeugungen und Verhaltensweisen „zu jener Einheit im sittlichen Leben stehen, die Christi Willen entspricht“ (AG I.4).

---

[284] ‚Life in Christ: Morals, Communion and the Church‘: an Agreed Statement by ARCIC II, One in Christ 30, 1994, 355-387 (zitiert als LC mit Paragraphennummern in eigener Übersetzung); *Jon Nilson*, Must Disagreements Divide? The Achievements and Challenges of ARCIC II's ‚Life in Christ‘, aaO. 31, 1995, 222-236; ARC-USA Statement: ‚Christian Ethics in the Ecumenical Dialogue: ARCIC II and Recent Papal Teaching‘, ebd. 286-289.

[285] Ecumenical Ventures in Ethics: Protestants Engage Pope John Paul II's Moral Encyclicals, ed. *Reinhard Hütter/Theodor Dieter*, Grand Rapids-Cambridge 1998.

a) Kirche und Ethik

Die beiden genannten Dialogdokumente wenden sich gegen eine Verengung der ethischen Frage auf Probleme der Normativität und nehmen damit Impulse auf, die auch in der Kritik an der autonomen Moral begegneten (s. o.). „Die moralische Grundfrage lautet nicht: Was sollen wir tun?, sondern: Was für Personen sind wir aufgerufen zu sein?“ (LC 6). Die Reichweite von christlichem Ethos und christlicher Moral „erstreckt sich sowohl auf unser ‚Sein‘ als auch auf unser ‚Tun‘“ (II.3). Deshalb gehört es zum Auftrag der Kirche, „durch die Ausbildung von Moral und Ethos ein Lernumfeld zu schaffen, das denen, die Christus nachfolgen, hilft, ihre persönliche und gesellschaftliche ethische Lebensführung zu gestalten“ (Einl. zu II). LC bringt schon im Titel zum Ausdruck, daß christliches Ethos „ein Aspekt des Lebens in Christus“ ist, das in der Kirche bezeugt und genährt wird (LC 10). Solche Aussagen nehmen Einsichten in den narrativen, kommunitären Charakter christlicher Ethik auf, die den abstrakt-naturrechtlichen Ansatz der autonomen Moral in christlichem Kontext durch Erwägungen über den Zusammenhang von Ekklesiologie und Ethik korrigieren.

Demgegenüber ist die Moralenzyklika VS, die in beiden Dokumenten nicht mehr berücksichtigt werden konnte, primär an den normativen Bedingungen moralischer Richtigkeit orientiert und fokussiert durchgehend die Frage: „Was soll ich tun?“ (VS 2). Zwar müssen beide Ansätze keine Alternativen sein, aber die Durchführung in VS repräsentiert faktisch eine theonome Moral der Regeln und Prinzipien, die nur äußerlich mit der Autorität Christi umkleidet wird[286]. Insofern ergibt sich doch eine Alternative: Geht es christlicher Ethik primär darum, was eine Person sein soll, oder darum, was eine Person tun muß, um den Vorschriften einer moralischen Ordnung zu genügen?

In der Einschätzung der Relevanz des kirchlichen Kontexts für die christliche Moral liegen die beiden Dialogdokumente und VS jedoch auf einer Linie. Die pessimistische Diagnose

---

[286] *Karl P. Donfried*, ebd. 46. 56f.

einer gegenwärtigen „Kultur des Todes“ in der Enzyklika „Evangelium vitae“ (Nr. 12. 19. 28. 50. 64 u. ö.) läßt eigentlich kaum noch Raum für die traditionell katholische Überzeugung von der allgemeinen Einsehbarkeit des sittlichen Naturgesetzes. VS lehrt, daß die empirische „Normalität“ so sehr die Spuren des Falles und der Sünde in sich trage, daß „einzig und allein der christliche Glaube“ dem Menschen die Rückkehr zum ‚Anfang‘ (Mt. 19, 8) eröffne, weil nur das „Evangelium die ganze Wahrheit über den Menschen und über den sittlichen Weg enthüllt“ (VS 112). Das verleiht der Verkündigung und der Gemeinschaft der Kirche einen höheren Stellenwert für die Erziehung zu einer christlichen Moral und für die Begründungen der theologischen Ethik. Im modernitätskritischen Kontext von VS erscheint die Kirche allerdings in der Rolle einer ausgesprochenen Kontrastgesellschaft; gegen moralischen Werteverfall und moraltheologische Abweichungen betont das Schreiben die formale Autorität des Lehramtes, in dem die Stimme Christi und der Wahrheit selbst zu hören sei (117).

b) Gemeinsamer Ausgangspunkt – unterschiedliche Wege?

Wie kommt es von den gemeinsamen christlichen Grundüberzeugungen zu konkreten und in manchen Fällen divergierenden ethischen Positionen?

AG unterscheidet vier Dimensionen des sittlichen Lebens, die jede christliche Ethik prägen, aber unterschiedlich gewichtet sein können: „die ethisch-moralische Vision“/„Tugenden“/„Werte“/„Pflichten“. Die ethisch-moralische Vision des Evangeliums kommt im biblischen Liebesgebot, in prophetischen Lehren von Gerechtigkeit und Barmherzigkeit, in den Seligpreisungen, den Früchten des Geistes, dem Ruf zur Nachfolge, der Haushalterschaft und anderen biblischen Metaphern zur Sprache. Diese moralische Vision umschließt und prägt jeweils Tugenden, Werte und Pflichten.

Tugenden sind wünschenswerte innere Merkmale des sittlichen Charakters und können analog auch von Gemeinschaften ausgesagt werden; Werte bezeichnen das von einzelnen wie von der Gesellschaft geschätzte Gute; Pflichten artikulieren das von den Menschen einander Geschuldete (II.3 und 4).

Hinter diesen Unterscheidungen sind leicht die klassischen Traditionen von Strebensethik, Güterethik und Sollensethik zu erkennen, die sich aus den drei Dimensionen menschlicher Verantwortung ergeben (s. o.).

Bei der Aufgabe, diese umfassende „ethische Vision mit ethischer Urteilsbildung und Entscheidungsfindung zu verbinden" (III.4), gehen die Wege jedoch auseinander. Das liegt einmal daran, daß schon die biblische Vision den Christen nicht die klare normative Systematik liefert, die sie brauchen. Was die Moraltheologie an ethischen Prinzipien und Normen erhoben hat, ist in der biblischen Tradition vermischt mit spezifischen, aber zeitlosen Geboten und zeitbedingten Urteilen. Auch die bildhafte Sprache der Bibel verlangt nach Auslegung; über deren Grundsätze und Methoden besteht jedoch keine Einmütigkeit. Die Kirchen – das ist das zweite – stützen sich bei ihrer ethisch-moralischen Reflexion zwar alle auf die Heilige Schrift und auf „weitere Hilfsmittel" wie Liturgie, ethische Traditionen, Katechismen, pastorale Praktiken, spirituelle Erkenntnis und Vernunft, gebrauchen sie jedoch in „unterschiedliche[n] Konstellationen" (III.1 und Einl. zu III).

Daß die Kirchen trotz dieser Unterschiede überlappende Konsense feststellen und in der Öffentlichkeit gemeinsam auftreten können, verdanken sie einer systematischen Reflexion, die beispielsweise „verschiedene Ebenen ethisch-moralischer Erkenntnis" unterscheidet und zwischen (unveränderlichen) Prinzipien ersten Ranges und (gegebenenfalls veränderbaren) Regeln zweiten Ranges differenziert. Weiterführend ist auch der neuere Gedanke einer „Hierarchie der Werte", der zwischen zentralen Werten der christlichen Nachfolge und anderen Werten der christlichen Ethik unterscheidet (III.2).

Quer zu diesen Differenzierungen verläuft jedoch „eine unterschiedliche Einschätzung der menschlichen Natur und der Fähigkeiten der menschlichen Vernunft", die mit dem Sündenverständnis zusammenhängt. „Einige glauben, daß die Sünde die menschliche Natur so verdorben hat, daß die Vernunft nicht zu ethisch-moralischen Wahrheiten gelangen kann. Andere sind der Überzeugung, daß die Sünde die menschliche Natur nur verletzt hat und daß die Vernunft mit Hilfe der göttlichen Gnade und der menschlichen Disziplin nach wie vor viele universell gültige Wahrheiten im Hinblick auf das sittliche Leben erkennen kann" (III.3). Als Beispiel für die zweite Position nennt AG die katholische Lehre vom sittlichen Naturgesetz, deren Ableitungen im sexualethischen Bereich jedoch von anderen Kirchen bestritten werden. Daneben stellt AG eine Ethik der Menschenrechte; sie muß keine positive Erkenntnis der Inhalte des sittlichen Naturgesetzes voraussetzen, sondern kann an die negative Erfahrung von ‚Naturunrecht' anknüpfen. Allerdings werden dann aus Grundrechten wie der Religionsfreiheit doch unterschiedliche praktische Schlüsse gezogen (III.4). Wenn es um die Fragen von Krieg und Gewaltlosigkeit geht, spielen auch unterschiedliche Auffassungen vom Verhältnis der Kirche zur staatlichen Macht eine Rolle (III.5).

Die Anglikaner kennen nicht die reformatorische Antithetik von Gesetz und Evangelium, sondern stehen weithin in der Tradition der Naturrechtslehre und einer inkarnationstheologischen Verhältnisbestimmung von Natur und Gnade. So notiert LC ähnlich wie AG als Ausgangspunkt eine „gemeinsame Vision des Menschseins in Christus" (100), führt aber die konfessionellen Unterschiede in der Ethik nicht auf Differenzen im Sündenverständnis, sondern im Verständnis der Natur des moralischen Gesetzes zurück. „Trotz der Zweideutigkeiten und Übel in der Welt und obwohl die Sünde das menschliche Leben verkehrt hat, bezeugt die Kirche die ursprüngliche Güte der Schöpfung und unterscheidet Zeichen und Konturen einer Ordnung, die weiterhin die Weisheit und Güte des Schöpfers spiegelt. Auch hat die Sünde den Menschen nicht jeder Wahrnehmung dieser Ordnung beraubt." Als Beispiele nennt LC die Beurteilung der Folter als „in sich schlecht" oder die Integration der Sexualität in eine lebenslängliche Beziehung ehelicher Liebe und Treue. „Aus der Reflexion über die Erfahrung dessen, was Menschen als einzelne und gemeinsam wahrhaft menschlich macht, erwächst eine natürliche, manchmal als ‚Naturrecht' oder ‚natürliches Gesetz' gedeutete Moral, auf die allgemein für die Lebensführung Bezug genommen werden kann. In Jesus Christus ist die natürliche Moral nicht verneint. Sie wird vielmehr erneuert, verklärt und vollendet, da Christus das wahre und vollkommene Bild Gottes ist" (LC 9).

Strittig ist für LC somit weniger das Naturrecht als solches als vielmehr die Möglichkeit absoluter Normen. Die Verwendung des Gesetzesbegriffs stellt für Anglikaner wie Katholiken kein Problem dar:

„Ein auffallendes Merkmal der etablierten römisch-katholischen Morallehre ist aber die Betonung der Absolutheit einiger Gebote des Sittengesetzes und der Existenz bestimmter Verbote, von denen es keine Ausnahmen gibt. In diesen Fällen ist das Verbotene in sich ungeordnet und darum objektiv schlecht. Anglikaner erkennen zwar dieselben letzten Werte an, sind aber nicht überzeugt, daß die Gesetze, wie wir sie erfassen, notwendig absolut sind. In bestimmten Situationen wäre es nach ihrer Überzeugung richtig, kontextuelle und pastorale Erwägungen in die Formulierung eines moralischen Gesetzes einzubeziehen, im Blick darauf, daß grundlegende moralische Werte besser gewahrt werden, wenn das Gesetz manchmal gewisse natürliche und historische Zufälligkeiten sowie gewisse Unordnungen in der menschlichen Verfassung berücksichtigen würde. Deshalb machen sie nicht wie die Katholiken eine scharfe Unterscheidung zwischen dem kirchlichen Gesetz, das auch Zufalls- und Klugheitserwägungen einschließt, und dem sittlichen Gesetz, das in seinen Prinzipien absolut und universal ist" (52).

LC fügt aber hinzu, daß in beiden Gemeinschaften gegenwärtig ein Abrücken von der Gesetzeskategorie zu dem Konzept „Person-in-Gemeinschaft" zu beobachten sei. Eine „Ethik der Antwort" habe Vorrang vor einer „Ethik des Gehorsams", der Primat der Person vor der Unpersönlichkeit eines Rechtssystems, wenngleich die konkreten Implikationen dieser Akzentverschiebung noch nicht klar seien (52).

LC betrachtet die unterschiedlichen Positionen beider Kirchen in der Frage von Ehescheidung und Wiederverheiratung oder bei der Empfängnisverhütung lediglich als Differenzen über konkrete moralische Schlußfolgerungen, die aber die Grundüberzeugung von der Natur der Ehe als eines auf Dauer angelegten und für Nachkommenschaft offenen Bundes nicht in Frage stellen (63-82). Die Differenz in der Abtreibungsfrage gilt für die Autoren von LC lediglich als Ausdruck unterschiedlicher Verständnisse des Status absoluter moralischer Verbote im ethischen Diskurs, die aber die gemeinsame Ehrfurcht vor der Heiligkeit des Lebens nicht tangierten (85-86). Ebenso sollen die unterschiedlichen Bewertungen homosexuellen Verhaltens nach LC keineswegs die gemeinsame Hochschätzung des Ehebundes als des normativen Kontexts für volle sexuelle Gemeinschaft aufheben (87).

Johannes Paul II. sieht in solchen pastoral begründeten Differenzierungen ein Einfallstor für Relativismus und Subjektivismus. Die lehramtliche Moral basiert nicht auf der Vision einer Verantwortung in Beziehung, sondern auf dem Konzept des göttlichen Gesetzes. Deshalb teilt VS auch nicht die optimistische Überzeugung von LC, trotz abweichender Einzelurteile sei man in der Grundüberzeugung einig. In die Beziehung zwischen Freiheit und Gesetz, Freiheit und Wahrheit dürfe sich nicht eine „‚kreative‘ Hermeneutik“ des Gewissens eindrängen (VS 56. 84. 88. 99). Nur eine Moral, die Normen anerkennt, die immer und für alle ohne Ausnahme gelten, gilt als authentische Ausdrucksform der biblischen Moral (97. 81. 82). Abstriche kommen nicht in Frage, da die christliche Moral von dem in Christus erlösten Menschen spreche, für den das Gesetz, zumindest in seinen absolut geltenden negativen Geboten, grundsätzlich erfüllbar ist (103). Daß dies alles gerade auch für die Sexualethik der Kirche zu gelten hat, ist seit HV aus lehramtlicher Sicht das Schibboleth katholischer Moral. „Auch im Falle schwerwiegender Materie“ – eine traditionelle Qualifikation des sexualethischen Bereichs[287] – könne die Treue einer Person zu höchsten Werten nicht „bestimmten sittlichen Einzelgeboten“ widersprechen (75).

c) Dialog oder Lehrautorität?

Unterschiede in der Ausformung des christlichen Ethos und der Begründung konkreter ethischer Positionen sind nach AG auch auf Divergenzen in der Auffassung vom Wirken des Heiligen Geistes, von der kirchlichen Ordnung und von der Rolle der geistlichen Amtsträger bei der ethisch-moralischen Urteilsbildung und Wegweisung zurückzuführen. So gelten römisch-katholisch die Bischöfe als „die bevollmächtigten Hüter und Interpreten des ganzen Moralgesetzes, d. h. sowohl des Gebotes des Evangeliums als auch des Naturgesetzes“; in orthodoxer Tradition obliegt die Entscheidung „der Hierarchie, d. h. der Bischofssynode oder einem einzelnen Bischof“, die sich an der pastoralen Tradition der Kirche orientieren, an der auch die Weisheit von geistlichen Vätern und Müttern sowie der Laien Anteil hat; im Protestantismus sind Geistliche und

[287] Erklärung der Kongregation für die Glaubenslehre zu einigen Fragen der Sexualethik „Persona Humana“ (1975), Nr. 10.

Laien in gleicher Weise an der stets fehlbaren und niemals irreformablen Entscheidungsfindung beteiligt (IV.1).

Anglikaner und Katholiken stehen einander nahe in der Überzeugung, daß Autorität und Freiheit sich gegenseitig bedingen und die Ausübung von Autorität dem Schutz und der Förderung der Freiheit zu dienen habe. Anglikaner favorisieren aber ein Konzept geteilter Autorität; nach ihrer Auffassung wird dem gemeinsamen Guten eher gedient, wenn den einzelnen Christen die größtmögliche Freiheit zu einem informierten moralischen Urteil zugestanden wird. Römische Katholiken betonen dagegen die Notwendigkeit einer zentralen Autorität zur Bewahrung der Einheit und zur Feststellung verbindlicher Lehre (LC 48, 49).

Die These, daß ethischer Dissens kein unüberwindliches Hindernis auf dem Weg zu mehr kirchlicher Gemeinschaft sein müsse und trotz allem Belastenden „keine grundlegende Divergenz in unserem Verständnis der ethisch-moralischen Implikationen des Evangeliums" anzeige (LC 101), ist eine der Positionen, die von Johannes Paul II. entschieden zurückgewiesen werden (VS 4. 26). Deshalb geht auch die von ARCIC II erhobene Forderung nach mehr Dialog über ethische Fragen (LC 102-104) ins Leere. Johannes Paul II. setzt in der Situation des ethischen Pluralismus vielmehr auf entschlossenere Ausübung des kirchlichen Lehramts und Unterwerfung der Theologen (VS 114-117).

2. Bleibende Probleme

Beim Versuch, die Eigenart evangelischer Ethik und katholischer Moraltheologie abschließend an einigen Themenfeldern zu verdeutlichen, ist noch einmal die Unterschiedlichkeit der Vergleichsgrößen in Rechnung zu stellen. Auf evangelischer Seite besteht eine Pluralität ethischer Ansätze, von denen keiner durch eine höhere Verbindlichkeit ausgezeichnet ist; katholischerseits ist die Vielfalt der Argumentationswege nicht geringer, doch liegen mit den päpstlichen Lehrschreiben und dem Weltkatechismus Äußerungen vor, die als verbindliche Primärtexte den ersten Bezugspunkt bilden müssen.

a) Neue Divergenzen in den Fundamenten theologischer Ethik?

Zu den Grundfragen, die zwischen Katholiken und Protestanten „weiterer Klärung bedürfen", gehört „die Beziehung zwischen Rechtfertigung und Sozialethik" (GER 43). VS bietet im ersten Teil, einer biblischen Meditation über die Frage des reichen Jünglings: Was soll ich tun?, auf den ersten Blick eine Zuordnung von Gesetz und Evangelium, die sowohl den Grundsätzen des Dokuments der Päpstlichen Bibelkommission von 1993[288] entspricht als auch einer evangelischen Perspektive entgegenkommt: Gottes Gesetz muß im Licht des Evangeliums verstanden werden. Der Dekalog ist Verheißung und Zeichen des neuen Bundes. Christus ist der Schlüssel zur Schrift und die lebendige Erfüllung des Gesetzes. Jeder Text muß im Zusammenhang der ganzen sittlichen Botschaft des Evangeliums, insbesondere der Seligpreisungen, verstanden werden. Im systematisch-theologischen Hauptteil wird jedoch aus der *christonomen* Ethik der Nachfolge eine lediglich mit der Autorität Christi umkleidete *theonome* Moral der Regeln und Prinzipien, die sich im dritten Teil, der die kirchliche Lehre vom Gesetz mit der Stimme Christi identifiziert (117), zu einer *hieronomen* Ethik des kirchlichen Lehramts hinaufsteigert[289].

Aufgrund einer durch die Sünde nicht gebrochenen Zuordnung von Schöpfung und Erlösung wird faktisch das Evangelium der Perspektive des Gesetzes integriert; entsprechend wird die Gnade einseitig instrumental verstanden als Kraft zur Gesetzeserfüllung, die als „Voraussetzung" (72) und „Bedingung des Heils" (12) bezeichnet wird. Orientiert an einer zeitlosen Struktur der Person im Sinne des Naturgesetzes, scheint die Ethik von VS im Grunde nicht mehr des geschichtlichen Anrufs des Evangeliums zu bedürfen. Das Naturgesetz erscheint unmittelbar als das in der Vernunft des Handelnden

---

[288] Vgl. *Jörg Haustein*, Die Interpretation der Bibel in der Kirche. Zum neuen Dokument der Päpstlichen Bibelkommission vom April 1993. MdKI 45, 1994, 73-77.
[289] *Donfried*, aaO. 46. 56f.

wirksame ewige Gesetz[290] unabhängig von Gottes Heilswirken und ohne die ausdrückliche Notwendigkeit der Intervention des Heiligen Geistes[291]. So wird Röm 2, 12-16 als Beleg für das Naturgesetz vom Gesamtduktus der paulinischen Argumentation in Röm 1-7 abkoppelt; das Verständnis Christi als neuer Moses deckt die Torakritik Jesu völlig zu.

Als ethischen Maßstab kennt VS nur die Pflicht gegenüber der objektiven Wahrheit des sittlich Richtigen (63). Entsprechend dominiert ein aktmoralisches Sündenverständnis. Für die autonome Moral ist unser Handeln gut, wenn wir aus der Grundentscheidung der Person für Gottes Liebesangebot handeln, mag es auch im einzelnen hinter dem Gebot zurückbleiben. Auch die Reformation denkt von der Person auf das Werk hin und betrachtet als eigentliche Ur- oder Todsünde den Unglauben, der sich auch mit guten Werken tarnen kann. Unter den Bibelzitaten im Weltkatechismus fehlt Röm 14, 23 („Alles, was nicht aus Glauben geschieht, ist Sünde"). VS verurteilt die Auffassung, die einzige den Menschen von Gott trennende Todsünde bestehe in der Zurückweisung Gottes (69). Die Grundentscheidung werde nicht nur durch Unglauben und Lieblosigkeit widerrufen, sondern auch „dann [...], wenn der Mensch in sittlich schwerwiegender Materie seine Freiheit durch bewußte, in entgegengesetzte Richtung weisende Wahlakte engagiert" (67):

„Gemäß der Logik der oben skizzierten Positionen [sc. der neueren Moraltheologie] könnte der Mensch kraft einer Grundoption Gott treu bleiben, unabhängig davon, ob einige seiner Wahlentscheidungen und seiner konkreten Handlungen mit den spezifischen darauf bezogenen sittlichen Normen oder Regeln übereinstimmen oder nicht. Aufgrund einer anfänglichen Option für die Liebe könnte der Mensch sittlich gut bleiben, in der Gnade Gottes verharren und sein Heil erlangen, auch wenn einige seiner konkreten Verhaltensweisen aus freiem Entschluß und in

[290] Der Gesetzesbegriff wird in VS (wie in KKK 1952) nicht analog, sondern univok auf der Linie des Neuthomismus verwendet. Bei einem analogen Verständnis wie bei Thomas ist entscheidend, von wessen „lex" die Rede ist, ob vom Gesetz des Geistes oder dem Gesetz der Natur usw. VS macht aus der thomanischen *Partizipation* des Naturgesetzes am ewigen Gesetz eine *Identität* (VS 44), bezeichnenderweise mit einem Zitat aus „Libertas praestantissimum" von Leo XIII.

[291] *Reinhard Hütter*, in: Ecumenical Ventures in Ethics 91.

schwerwiegender Sache zu den von der Kirche wieder vorgelegten Geboten Gottes entschieden und ernsthaft im Gegensatz stünden.

In Wirklichkeit geht der Mensch nicht nur durch die Untreue gegenüber jener Grundoption verloren, durch die er sich ‚als ganzer Gott in Freiheit' überantwortet[292]. Durch jede aus bedachtem Entschluß begangene Todsünde beleidigt er Gott, der ihm das Gesetz geschenkt hat, und macht sich daher dem ganzen Gesetz gegenüber schuldig (vgl. Jak. 2, 8-11); auch wenn er im Glauben bleibt, verliert er die ‚heiligmachende Gnade', die ‚Liebe' und die ‚ewige Seligkeit'[293]. ‚Die einmal empfangene Gnade der Rechtfertigung – so lehrt das Konzil von Trient – kann nicht nur durch die Untreue, die den Menschen um seinen Glauben bringt, sondern auch durch jede andere Todsünde verloren gehen'" (68).

Auch in der reformatorischen Tradition wird diskutiert, ob eine vorsätzliche einzelne Tatsünde mit dem Glauben zusammen bestehen könne. In den lutherischen Bekenntnisschriften heißt es dazu:

„Es ist vonnöten, zu wissen und zu lehren, daß, wo die heiligen Leute abgesehen davon, daß sie die Erbsünde noch haben und fühlen, dawider auch täglich büßen und streiten, etwa in öffentliche Sünde fallen als David in Ehebruch, Mord und Gotteslästerung, daß alsdenn auch der Glaube und der Geist weg ist gewest"[294].

„Es soll nicht ein solcher Glaub gedichtet werden, der bei und neben einem bösen Vorsatz, zu sündigen oder wider das Gewissen zu handeln, sein und bleiben könne"[295].

Es bestehe zwar kein ‚positiver', wohl aber ein ‚negativer' Zusammenhang zwischen Heil und menschlichem Gehorsam gegen Gott, meint *Reinhard Hütter*, sofern der Glaubende das Heil verlieren könne, wenn er offenkundig die Gebote des Dekalogs mißachte und verletze[296]. Dem läßt sich mit *Gilbert Mailaender* entgegenhalten, daß die reformatorische Rechtfertigungslehre mit der Unterscheidung von Gesetz und Evange-

---

292 Die Anmerkung der Enzyklika verweist auf die Offenbarungskonstitution des Konzils und die Erklärung der Glaubenskongregation zu einigen Fragen der Sexualethik (1975).

293 Zitate aus dem Nachsynodalen Schreiben „Reconciliatio et paenitentia" über das Bußsakrament (1984).

294 *Martin Luther*, Schmalk. Art. III 43 (BSLK 448).

295 Konkordienformel, Epit. III 11.

296 *Reinhard Hütter*, aaO. 104f.

lium bzw. der Trennung der Urteile über das Werk und über die Person gerade die Fälle im Auge hat, wo Glaube nur noch *fiducia*, vertrauensvolles Ergreifen Christi sein kann, der uns auch in unserer – möglicherweise vorsätzlichen – Sünde vor Gott gerecht macht. Dies sei freilich eine seelsorgerliche Position, auf der sich keine Ethik errichten lasse[297].

Demgegenüber vertritt VS zwar eine Version des ‚sola gratia', aber nicht das ‚sola fide' (Mailaender). Ein Wachstumsmodell, bei dem der Mensch „sich durch seine Handlungen vervollkommnet" (71) und die Urteile über das Werk und über die Person eng aufeinander bezogen sind (78), schließt das ‚simul iustus et peccator' aus. Evangelische Ethik reflektiert stärker das Ineinander von Gut und Böse, die Unausweichlichkeit der Schuld und die Komplexität von Handlungssituationen. Ob man den Menschen als moralische Vernunftnatur oder als Sünder *coram deo* versteht, wirkt sich sowohl auf die Erkenntnistheorie wie auf die Ethik aus. Das Urteil *Martin Honeckers* über *Rhonheimers* moraltheologische Konzeption (s. o.) wird durch die päpstliche Moralenzyklika bestätigt: Es mehren sich die Anzeichen dafür, daß „gerade in den Fundamenten theologischer Ethik neue und weitreichende Divergenzen aufbrechen". Rhonheimer und VS stehen für „das Ende einer Moraltheologie, die vom 2. Vatikanischen Konzil geprägt zu neuen Ufern aufbrach, und für die Rückkehr zu einem eindeutig konfessionell bestimmten Thomismus"[298].

b) Personbegriff

In der Diskussion um die Schutzwürdigkeit des ungeborenen menschlichen Lebens und die Bewertung der aktiven Sterbehilfe berufen sich die Kirchen auf die unveräußerliche Personwürde, deren Begriff sie inhaltlich mit dem Gedanken der Gottebenbildlichkeit füllen. Gottebenbildlichkeit wird aber in der humanistisch-aufgeklärten Tradition als vernünftige Selbstbestimmung ausgelegt, womit sich eine ungewollte

---

[297] *Gilbert Mailaender*, ebd. 73-83.

[298] *Martin Honecker*, Paradigmenwechsel in der katholischen Moraltheologie, ThR 56, 1991 (437-445) 443.

Nähe zum Ideal des selbstbestimmten Subjekts als Maß des Menschen einstellt, das der utilitaristischen Ethik Peters Singers zugrunde liegt[299].

Der Personbegriff der katholischen wie der evangelischen Theologie ist gegen einen „Personizismus"[300] Singerschen Typs dadurch abgesichert, daß er keine Zuschreibung aufgrund von Merkmalen wie aktualem Selbstbewußtsein und Interessen darstellt. Dabei hat sich die Unterscheidung zwischen einem ‚substanzialen' Personbegriff der katholischen Moraltheologie und einem ‚relationalen' Personverständnis der evangelischen Seite eingebürgert, für die sich bestimmte theologische Prämissen namhaft machen lassen: Nach der traditionellen Vorstellung, die in Verlautbarungen des katholischen Lehramts gelegentlich anklingt[301], ist mit dem Augenblick der Empfängnis eines Menschen die von Gott unmittelbar geschaffene Geistseele als personal formierendes Element auf dem Plan. Diese ‚physizistische' Sicht läßt sich jedoch in eine schöpfungstheologische Perspektive übersetzen: Katholische Theologie deutet den schöpferischen Anruf Gottes nicht lediglich als ein immer neues Wortereignis, sondern als bleibende Relation zu Personen, die diesen Ruf innerlich empfangen und durch ihn *in* ihrem kreatürlichen Sein bestimmt werden. Die philosophische Kategorie der Substanz oder der Heiligkeit des Lebens interpretiert dann die analogielose Qualität der schöpferischen Zuwendung Gottes, die Personen erlaubt, ihre geschöpfliche Existenz aufzunehmen[302]. So kommt dem Menschen das Vermögen zu, Subjekt mit der Möglichkeit freier Selbstbindung an das Gute zu sein[303], wobei die Erkenntnis

---

299 *Reiner Anselm*, Die Würde des gerechtfertigten Menschen. Zur Hermeneutik des Menschenwürdearguments aus der Perspektive der evangelischen Ethik. ZEE 43, 1999, 123-136.

300 So bezeichnet *Dietmar Mieth* alle Positionen, die zwischen Zugehörigkeit zur Gattung Mensch und Personsein unterscheiden und letzteres an Selbstbewußtsein, Artikulation von Interesse an Zukunft usw. binden (Was wollen wir können?, 28. 86).

301 Donum vitae, I 1; KKK 366.

302 *Eberhard Schockenhoff*, in: Ecumenical Ventures in Ethics, 242.

303 *Hans Michael Baumgartner/Ludger Honnefelder/Wolfgang Wickler Armin G. Wildfeuer*, Menschenwürde und Lebensschutz: Philosophische Aspekte, in: *Günter Rager* (Hg.), Beginn, Personalität und Würde des Menschen, Freiburg/München 1997 (161-242) 239.

des Guten nicht an die Voraussetzung des Glaubens gebunden ist. Dieser verankert lediglich die Unbedingtheit des sittlichen Anspruchs in Gott; indem der Mensch dem ihm vorgegebenen natürlichen Sittengesetz folgt, erfüllt er Gottes Willen.

Im Horizont der reformatorischen Rechtfertigungslehre ist die Personwürde eine Zuschreibung von außen, analog der „fremden Gerechtigkeit“, die den Menschen allererst als Subjekt konstituiert: „Fides facit personam“[304]. Die aristotelisch-scholastische Definition des Menschen als „animal rationale“ wird bei Luther überboten durch die Wesensbestimmung aus einem Ereignis: „hominem iustificari fide“[305]. Menschen sind keine selbstgenügsamen Substanzen, sondern Verhältniswesen. Glaubende kennen sich nicht als gläubige Subjekte, sondern als Differenzverhältnisse, deren Sein als Gerechtfertigte wie als Sünder, die nicht aufhören, Geschöpfe zu sein, allein durch Gott konstituiert wird[306].

Eine exklusive Entgegensetzung der beiden Personkonzepte ist jedoch nicht sachgemäß. Sie haben ihre Stärken und ihre Schwächen und verweisen insofern komplementär aufeinander[307]. Der relationale Personbegriff bringt die transzendente Verankerung menschlichen Personseins in der Annahme und dem Anruf Gottes besonders zum Ausdruck. Es bedarf jedoch der Komplementierung durch die Auslegung als sich selbst aufgegebene Freiheit des Subjekts, wenn nicht die Frage unbeantwortbar werden soll, warum Gott, wenn er Mensch werden konnte, nicht „auch Katze werden“ konnte[308]. Da aber diese Auslegung in eine Relation zu den empirischen und d. h. keine absoluten Erkenntnisse gewährenden Befunden der Embryonalentwicklung gebracht werden muß, ist ein Pluralismus der

---

[304] *Martin Luther*, Zirkulardisp. 1537, WA 39 I (265-333), 282.

[305] *Martin Luther*, Thesenreihe „De homine“, WA 39 I, 175-177.

[306] *Ingolf U. Dalferth*, Die Wirklichkeit des Möglichen, Tübingen 2003, 337-430.

[307] *Kreß*, Veranwortungsethik, 152; ausführlicher: *Hartmut Kreß*, Der Begriff der Person als Ausgangspunkt und Leitbegriff ökumenischer Ethik, in: *Marianne Heimbach-Steins/Andreas Lienkamp/Joachim Wiemeyer* (Hg.), Brennpunkt Sozialethik, Freiburg-Basel-Wien 1995, 87-101.

[308] Diese Frage aus *Robert Musils* Drei Frauen (Ges. Werke, Hamburg 1978, Bd. 6, 270) dient *Gerhard Beestermöller*, Möglichkeit und Grenzen einer ökumenischen Sozialethik, Cath 45, 1991 (296-308) 303, als theologische Testfrage.

Positionen, wie er in der innerevangelischen Debatte um embryonale Stammzellenforschung und Präimplantationsdiagnostik zu beobachten ist (s. o.), nicht grundsätzlich auszuschließen.

Der substanziale Personbegriff erlaubt nur dann eine absolut eindeutige Antwort, wenn als Kriterium personalen Menschseins das ‚Gezeugtsein durch einen Menschen' angesetzt und das Konzept der gleichzeitig eingegossenen Geistseele vertreten wird. Doch wie heutige Theologie den naturhaften Unsterblichkeitsgedanken in ein Konzept „dialogischer Unsterblichkeit" übersetzt hat, so läßt sich auch das Personverständnis der christlichen Anthropologie nicht ohne Stützung durch eine relationale Ontologie des göttlichen Schöpfungswortes, wie sie von Schockenhoff vorgeschlagen wird, vertreten.

c) Naturrecht

Naturrechtliches Denken galt lange Zeit als ein Kennzeichen der katholischen, speziell der neuscholastischen Moraltheologie, dem die evangelische Seite vor allem im 19. und 20. Jahrhundert starke Skepsis entgegenbrachte. In der heutigen katholischen Theologie ist jedoch eine kritische Relektüre des katholischen Naturrechts üblich geworden, die an die originale Konzeption des Thomas anknüpft, und umgekehrt erkennt die evangelische Ethik die Berechtigung des ursprünglichen naturrechtlichen Anliegens[309].

Das klassische Naturrecht basiert auf dem Gedanken, „daß sich aus der als Natur gedeuteten Lebenswelt (daher Naturgesetz, *lex naturalis*) normierende Konsequenzen für die Lebensführung (Naturrecht, *ius naturale*) ergeben"[310]. Als Vorzug des Naturrechts galten universale Geltung und rationale Argumentation, deren Unangreifbarkeit durch theonome Verankerung in einem theistischen Weltbild noch gesteigert wurde. Der katholischen Neuscholastik bot ein solches Naturrecht in

---

309 Vgl. die Darstellung bei *Honecker*, Theologische Ethik, 107-125.

310 *Matthias Heesch*, Art. Naturrecht, Ev. Soziallexikon (1133-1138) 1133.

Kombination mit der päpstlichen Lehrautorität die Ausgangsbasis für die Auseinandersetzung mit dem relativierenden ‚Subjektivismus' der Moderne. Die Sollensforderungen katholischer Moraltheologie und Soziallehre ergaben sich bruchlos aus einer objektiven Seinsordnung; die Sozialethik wußte sich durch überzeitliche Sozialmetaphysik legitimiert.

Die Kritik an diesem neuscholastischen Naturrechtstyp konnte sich darauf beschränken, die Zeitbedingtheit der jeweils als überzeitlich deklarierten Seins- und Sollenserkenntnisse aufzuweisen. Das Naturrecht erscheint als goldener Wechselrahmen für beliebige Inhalte. Die Reihe der Beispiele reicht von der Rechtfertigung der Sklaverei oder der Kastration päpstlicher Sänger, der Ablehnung der Religionsfreiheit oder der betrieblichen Mitbestimmung bis zur Forderung nach einem gesetzlichen Letztentscheidungsrecht des Mannes in Ehe und Familie.

Diese Schwäche des Naturrechts, daß sich auf seinem Boden ganz verschiedene Anliegen begründen lassen, liegt schon seit der französischen Revolution am Tage. Die Kritik der bestehenden Verhältnisse, etwa der ständischen Verfassung der Gesellschaft, ließ sich genauso naturrechtlich begründen wie die Kritik am Egalitarismus der Sozialvertragstheorie. Der Antagonismus eines revolutionären und eines konservativen Naturrechts verweist auf weltanschauliche Vorausannahmen, die seinem Anspruch auf Allgemeinverbindlichkeit im Wege stehen. Dem war nur zu entgehen durch einen Verbund von Naturrecht und päpstlicher Lehrautorität. In einem zirkulären Verfahren sollte das zeitlos allgemeine Naturrecht den Glauben und die Autorität der Kirche untermauern, war aber im Streitfall selbst auf Stützung durch das Lehramt angewiesen[311]. Wie HV und VS zeigen, ist zumindest im sexualethischen Bereich die Theorie des sittlichen Naturgesetzes nach wie nur unter höchstem Einsatz der päpstlichen Lehrautorität zu vertreten.

---

[311] *Joseph Ratzinger*, Naturrecht, Evangelium und Ideologie in der katholischen Soziallehre, in: *Klaus v. Bismarck/ Walter Dirks* (Hg.), Christlicher Glaube und Ideologie, Stuttgart-Berlin 1964, 24-20. Vgl. auch die Beiträge in: *Franz Böckle* (Hg.), Der umstrittene Naturbegriff, Düsseldorf 1987.

Die evangelische Ethik, die eigentlich auf eine mit der reformatorischen Zwei-Reiche-Lehre und der Aristotelesrezeption Melanchthons eröffnete naturrechtliche Traditionslinie zurückschauen konnte[312], ging aus theologischen Gründen zum katholischen Naturrecht auf Distanz. Luther selbst hat die scholastische Zuordnung von Natur und Gnade und die Naturrechtsmetaphysik zugunsten einer aktuellen Begegnung mit Gott und dessen lebendigem Gebot aufgegeben und gelangte so zur Betonung der geschichtlichen Kontingenz ethischer Entscheidungen (*Honecker*). Er leugnet nicht das Phänomen des unmittelbaren Einleuchtens ethischer Grundsätze wie der Goldenen Regel. Manche seiner Äußerungen lassen ihn wie einen Vertreter des dynamischen Naturrechts erscheinen, wenn er dem Naturrecht die Funktion zuschreibt, eine positivistische Verkrustung der Verhältnisse aufzubrechen. Natürliches Rechtsempfinden, als „Billigkeit" (aequitas) mit dem Liebesgebot gleichgesetzt, wird dabei zu einem Instrument des geschichtlichen Handelns Gottes. Im neueren Protestantismus macht sich zudem neukantianisches Erbe mit seinen erkenntnistheoretischen und moralphilosophischen Vorbehalten gegen ‚Metaphysik' und ‚Natur' als Grundlage der Moral bemerkbar. Die von *Karl Barth* geprägte Wort-Gottes-Theologie sah im Naturrecht das Einfallstor einer natürlichen Theologie, die neben Christus eine zweite Offenbarungsquelle einzuschleusen drohte und zur Verklärung weltlicher Sachverhalte und Ordnungen neigte.

Diese radikale Verwerfung des Naturrechts hat sich ökumenisch nicht durchgesetzt und unterliegt auch evangelischer Kritik, sofern „die Universalisierbarkeit bzw. allgemeine Kommunikabilität von Geltungsansprüchen" nach Explikation in einem „Plausibilitätshorizont" verlangt, der über den Kreis der Gleichgesinnten, also auch über eine christliche Binnenperspektive hinausreicht"[313]. Die Idee des Naturrechts steht für eine „kognitive materiale Ethik", die zu inhaltlich begründeten, allgemein nachvollziehbaren Normen kommen möchte,

---

[312] *Hartmut Kreß*, Art. Naturrecht. III. Evangelische Theologie, LThK 3. Aufl. Bd. 7, 1998, 690f.

[313] *Klaus Tanner*, Der lange Schatten des Naturrechts, Stuttgart-Berlin-Köln 1993, 54. 57.

und ist vor allem für die katholische Moraltheologie unverzichtbar[314]. Sie kommt immer dann ins Spiel, wenn „ein materialer Grundbestand von Normen“[315] gesucht oder nach „einem übergreifenden Kernbestand der Humanität“[316] gefragt wird, der eines allgemeinverbindlichen Aufweises fähig ist.

In der neueren katholischen Moraltheologie, soweit sie eine autonome Moral in christlichem Kontext vertritt, ist das auf eine vorgeblich ewige Seinsordnung rekurrierende neuscholastische Naturrecht durch ein personales Vernunftrecht abgelöst worden, das zugleich die originäre Intention des Thomas aufnehmen will. Vertreter der autonomen Moral entdecken schon bei Thomas das Prinzip der Autonomie, weil das „ewige Gesetz“ der göttlichen Weltvernunft erst durch die Teilhabe der menschlichen Vernunft an derselben und ihre schöpferische Erschließungsleistung zum gebietenden „natürlichen Gesetz“ wird. Das zu tuende Gute und das zu meidende Böse konkretisiert sich für die Vernunft durch die „natürlichen Neigungen“ (*inclinationes naturales*), die das menschliche Seinkönnen strukturieren und es auf bestimmte Zielperspektiven wie Selbsterhaltung, Fortpflanzung, Wahrheit, Gemeinschaft orientieren. Die dadurch erschlossenen Teilgüter können sich gegenseitig ausschließen, müssen also in einer teleologischen Abwägung in ein Verhältnis gebracht werden. Die Moralenzyklika hingegen weist die Auffassung zurück, daß die „‚natürlichen Neigungen‘ [...] höchstens eine allgemeine Orientierung für richtiges Verhalten festlegen“ (VS 47). Sie bindet die Verwirklichung der Person so unmittelbar an die moralische Sprache der leiblichen Natur, daß „das so verstandene Naturgesetz [...] keinen Raum für eine Trennung von Freiheit und Natur [läßt]“ (50). Die Natur wird gleichsam „zum kausalen ‚Urheber‘ menschlicher Taten und zum ontischen Fundament menschlichen Seins erklärt“[317]. Die Entscheidungs-

---

[314] *Bormann*, aaO. 281. 293f. Vgl. vor allem *Schockenhoff*, Naturrecht und Menschenwürde, 1996.
[315] *Heesch*, aaO. 1137.
[316] *Klaus Demmer*, Art. Naturrecht II. Theologisch-ethisch, LThK 3. Aufl., Bd. 7 (688-690) 688.
[317] *Birgit Schneider*, aaO. 106.

fähigkeit des Menschen nimmt dabei eher Züge eines Übels statt einer Tugend an. Da die Kenntnis des natürlichen Gesetzes oder der menschlichen Natur als unmittelbare Teilhabe am göttlichen Licht (44) gedeutet wird, kann die Individualität keine Rolle spielen oder muß als gefährlich gelten, weil sie die einzelne Person von der einen Wahrheit trennt[318]. Wie es zur individuellen Entscheidungsfindung kommt, sucht VS durch traditionelle Kasuistik zu klären (s. u.).

Schon von seinen antiken Ursprüngen her bildet der Naturrechtsgedanke ein kritisches Potential zur Beurteilung positiver Gesetze und Rechtsordnungen. Der deutsche Protestantismus neigte in der Vergangenheit aufgrund des reformatorischen Sündenpessimismus und der konservativen Skepsis gegen das ‚westliche' Aufklärungsideal zu einer positivistischen Legitimation von Recht und Obrigkeitsstaat. Für das neuscholastische Naturrechtsverständnis wiederum stellte der moderne freiheitlich-demokratische Rechtsstaat, der sich nicht mehr an eine übernatürlich legitimierte Seinsordnung gebunden weiß, eine besondere Herausforderung dar. Unbestritten ist heute in allen Kirchen, daß eine freiheitliche rechtsstaatliche Demokratie eine Affinität zum christlichen Menschenbild besitzt und auf einen „tragenden Grundkonsens"[319] angewiesen ist. Das Wirken für das Gemeinwohl „kann nicht absehen vom Bezug auf fundamentale ethische Werte, die der Natur des Menschseins selbst eingeschrieben sind", erklärte *Johannes Paul II.* vor Parlamentariern[320].

Traditionelles katholisches Naturrechtsdenken leidet aber an einer Fremdheit gegenüber dem Wesen des Politischen, für das aufgrund des Mehrheitsprinzips der Zwang zu Kompro-

---

318 *Risto Saarinen*, in: Ecumenical Ventures in Ethics, 128. 134. Saarinen sieht den Papst in der Nähe der von Thomas bekämpften averroistischen Lehre von der Einheit des Intellekts in den Individuen mit der Folge, daß der Leib zum eigentlichen Prinzip der Individuation und einzigen Träger der menschlichen Personalität werde (135).

319 Evangelische Kirche und freiheitliche Demokratie. Eine Denkschrift der EKD, Gütersloh 1985, 45.

320 *Johannes Paul II.*, Ansprache vom 14. Nov. 2002 vor dem Italienischen Parlament in: L'Osservatore Romano Nr. 263, 15. Nov. 2002. Vgl. auch die Warnungen vor einer „Verbindung zwischen Demokratie und ethischem Relativismus" in VS 101 und „Evangelium vitae", 20. 70.

miß und Folgenabschätzung kennzeichnend sind. Das in den „Prinzipien der sittlichen Ordnung, die aus dem Wesen des Menschen selbst hervorgehen“[321], enthaltene Kriterium der unbedingten Achtung der Personwürde gibt lediglich eine negative Kontrollnorm, reicht aber zur konkreten Entscheidung nicht aus. Es sei denn, wir hätten es mit Fällen zu tun, in denen eine Güterabwägung nicht stattfinden kann, weil wir nach lehramtlicher Auffassung entweder mit einem absoluten Lebensanspruch (ungeborenes Leben; Leben am Lebensende) oder mit einer absoluten Norm (Zeugungsfinalität der Sexualität) konfrontiert sind, die unmittelbar aus der Natur der menschlichen Person abgeleitet werden. Für den Bereich des Politischen und Sozialen dagegen, wo der ethische Bezug durch Sachgesetzlichkeiten vermittelt ist und jede Entscheidung eine Vielfalt von Gesichtspunkten berücksichtigen muß, läßt sich dem Naturrecht keine klare Weisung entnehmen. Das Lehramt praktiziert deshalb ein Verfahren, bei dem einzelne Teilgüter von unmittelbarer naturrechtlicher Relevanz herausgelöst und zur Basis alles Weiteren gemacht werden, wenn etwa Politiker wegen ihrer Haltung in der Abtreibungsfrage als für Katholiken nicht wählbar bezeichnet werden oder ein Staat, der den Schwangerschaftsabbruch strafrechtlich freigibt, zum „totalitären Tyrannenstaat“ (Kardinal *Ratzinger*) deklariert wird. Ein – gewiß sehr gewichtiger – *Faktor* der politischen Entscheidung, die immer eine gebündelte Entscheidung ist, wird zum alleinigen *Kriterium* der Urteilsbildung gemacht. Von einer in dieser Weise naturrechtlich begründeten Position muß eine Lockerung des Abtreibungsstrafrechts auch dann verworfen werden, wenn feststünde, daß durch sie die Zahl der Abtreibungen gesenkt werden könnte[322]. Eine ähnliche Rolle spielt in heutigen Diskussionen die gesetzliche Anerkennung der gleichgeschlechtlichen Partnerschaften, die aus katholischer Sicht nicht nur in Einzelheiten, sondern grundsätz-

[321] Konzilserklärung über die Religionsfreiheit „Dignitatis humanae“ (1965), 14.

[322] So die Position der katholischen Bischöfe bei einer Anhörung des Bundestages vor der Reform des § 218 in den siebziger Jahren, zit. bei *Gottlob Hild*, „Gefahr für den inneren Frieden“? MdKI 25, 1974, 104-109.

lich der Bindung des Gemeinwesens an die sittliche Wertordnung widerstreitet[323].

Katholische Vertreter einer autonomen Moral in christlichem Kontext deuten die „natürlichen Neigungen" der Ethik des Thomas als „Randbedingungen" und das Naturrecht insgesamt als eine „Rahmenordnung, innerhalb deren konkrete Normierungen sich halten müssen"[324]. *Dietmar Mieth* vertritt eine These, „die möglicherweise als ‚Biologismus' erscheinen mag, aber dies m. E. keineswegs ist: es gibt eine vorspezifisch menschliche (d. h. vom Menschen nicht erst in die Natur hineingelegte) naturale Unbeliebigkeit des menschlichen Handelns an sich selbst und an seiner Umwelt, deren Erkenntnis freilich seiner Vernunft überantwortet bleibt." Für Mieth fällt hier auch eine theologische Entscheidung: „Im anderen Falle würde der Mensch den Sinn der Schöpfung (theologisch gesehen) erst stiften müssen; er würde ihn nicht als Sinn der Schöpfung aus der Hand des Schöpfers empfangen"[325]. Materialethisch schließt naturale Unbeliebigkeit aus Mieths Sicht beispielsweise aus, gleichgeschlechtlichen Partnerschaften über In-vitro-Fertilisation leibliche Elternschaft zu ermöglichen, weil die vorwillentliche Veranlagung, auf die sie sich berufen, die biologische Fruchtbarkeit nicht einschließe und damit ein „Widerspruch in der Legitimation" entstünde. Das ethische Urteil könne sich nicht „mit einem einfachen ‚Why not?'" begnügen, wenn biomedizinische Technik sich in Abweichung von der gesellschaftlich akzeptierten naturalen und sozialen Norm nur allzu bereitwillig mit individuellen Bedürfnissen wie dem Kinderwunsch verbündet und die einzelnen für vermeintliche Anspruchsrechte auch Solidarleistungen der Gesellschaft einfordern[326].

In solchen Einzelurteilen macht sich auch die Gemeinwohlorientierung der katholischen Tradition bemerkbar, die von

---

[323] Kongregation für die Glaubenslehre: Erwägungen zu den Entwürfen einer rechtlichen Anerkennung der Lebensgemeinschaften zwischen homosexuellen Personen, 3. Juni 2003 (VApS 162), Nr. 5. 11.

[324] *Wolfgang Kluxen*, Art. Naturrecht I. Philosophisch, LThK 3. Aufl. (684-688) 687.

[325] *Mieth*, aaO. 472; vgl. 426. Der Begriff „naturale Unbeliebigkeit normativer Vernunft" geht auf *Wilhelm Korff* zurück (HcE I 147-158).

[326] *Mieth*, aaO. 131f.

den einzelnen Subjekten eine Entscheidung nach vorausliegenden Wertungen verlangt, die bei hochrangiger Materie nicht einfach dem Individualinteresse überlassen sind[327]. Naturrechtliche Begründungen von materialethischen Einzelnormen bleiben jedenfalls stets der Diskussion ausgesetzt. Einleuchtend ist die Deutung des Naturrechts als „regulative Idee" (*Honecker*), als Frage nach der Gerechtigkeit angesichts der Erfahrung von ‚Natur-Unrecht'. Transzendentalphilosophisch gesprochen geht es um Erhellung der Bedingungen, die wir im humanen Umgang miteinander immer schon in Anspruch nehmen und an denen sich die Gestaltung der gemeinsamen Lebensbedingungen ausrichten muß[328]. Höchste Verbindlichkeit können die negativ formulierbaren Gehalte eines solchen Naturrechts in Gestalt von Grundrechten, Menschenrechten und Freiheitsrechten beanspruchen, während es für positive Normierungen für sich allein nicht zureicht. In einem solchen „pragmatischen Verständnis des Naturrechts als Bezugsgröße einer ‚Vernunftmoral'" erscheint heute eine Verständigung evangelischer Ethik mit katholischer Moraltheologie möglich[329].

d) Urteilsfindung

Die Frage nach der Urteilsbildung ist in der evangelischen Ethik lange Zeit vernachlässigt worden, während die katholische Moraltheologie eine elaborierte Kasuistik entwickelt hat, um konkrete Fälle unter allgemeine Normen zu fassen und zu beurteilen. Kasuistik sucht zum Einzelurteil zu gelangen entweder durch Anwendung vorgegebener Prinzipien und Normen auf den Fall oder durch Rückgriff auf paradigmatische Fälle, um daraus die Regel für weitere Fälle zu gewinnen.

Problematisch erschien aus evangelischer Sicht einmal die Tendenz der Kasuistik zu einem Minimalismus des gerade noch Erlaubten, der, wie die Gesetzeskritik Jesu oder des Paulus lehrt, die Intention des Gesetzes verfehlt. Ein anderer pro-

---

327 Ebd. 88f.
328 *Fischer*, Theologische Ethik, 165.
329 *Honecker*, aaO. 124; ebenso *Kreß*, aaO. 691.

blematischer Aspekt der Kasuistik ist ein Normativismus, der nur die Tat, aber nicht die Person erfaßt und mit aller detaillierten Klassizifizierung von Geboten und Sünden nicht über eine Aktmoral hinaus zu einem theologischen Verständnis von Sünde und Handeln aus Glauben vordringt. Kasuistik vermehrt, mit *Robert Musil*[330] zu reden, die Ecken des Vielecks, ohne aber damit jemals die Kreiskurve des Seins zu erreichen. Ohne Bild: Die Einfalt der Nachfolge und des Gehorsams ergibt sich nicht aus der Subsumtion des Besonderen unter eine noch so verästelte allgemeine Regel.

In diesem Sinne fiel für *Dietrich Bonhoeffer* schon die ethische Frage nach dem Wissen um Gut und Böse aus der Einheit mit Gott heraus. Das Gebot Gottes „erlaubt dem Menschen Mensch zu sein vor Gott". Es „macht den Menschen nicht zum Beurteiler und Richter seiner selbst und seiner Tat, sondern es erlaubt ihm zu leben, zu handeln in Gewißheit und Zuversicht zur Leitung durch das göttliche Gebot"[331]. *Karl Barth* sah in der Kasuistik die Eigenmächtigkeit des Ethikers, der dem konkreten Gebieten Gottes in der Situation vorgreife und „die Unmittelbarkeit des Verkehrs zwischen dem gebietenden Gott und dem ihm gehorsamen oder ungehorsamen Menschen" mißachte[332]. Barths Begriff des Gebotes Gottes ist ersichtlich nicht am Dekalog orientiert und heteronom bestimmt, sondern umschreibt das „ethische Ereignis", in dem Gottes konkretes Gebieten Lebensmöglichkeiten eröffnet, neue Handlungssituationen erschließt und das ihm entsprechende Gehorchen des freien Menschen hervorruft.

> Die Kirche „hat es [...] mit den jeweils in das Licht des Wortes Gottes und des Glaubens tretenden geschichtlichen Wirklichkeiten zu tun. Sie ist nicht irgendeinem Naturrecht, sondern ihrem lebendigen Herrn verpflichtet. Sie denkt, redet und handelt gerade darum nie ‚prinzipiell'. Sie urteilt vielmehr geistlich und darum von Fall zu Fall"[333].

---

[330] *Robert Musil*, Die Nation als Ideal und Wirklichkeit, Ges. Werke Bd. 8 (1059-1075) 1072f.

[331] *Dietrich Bonhoeffer*, Ethik. Neuausg., Werke Bd. 6, 302. 388.

[332] *Karl Barth*, Das christliche Leben (KD IV 4), Fragmente aus dem Nachlaß, Zürich 1976, 3. 5.

[333] *Karl Barth/Emil Brunner*, Briefwechsel 1916-1966. Karl Barth Gesamtausgabe. 5. Briefe, 2000, 358 (Brief an Brunner vom 6. 6. 1948).

Wenn theologische Ethik Barth zufolge auf das ethische Ereignis nur vorbereiten kann und sich nicht anmaßen darf, das Gebot Gottes kasuistisch im voraus in Gestalt einer Summe von biblischen oder naturrechtlichen Sätzen zu kennen, dann scheint sie in bedrohliche Nähe zu einer reinen Situationsethik zu geraten. Barths Ethik glaubt sich indessen auf einem Weg zwischen der Skylla einer gesetzlich-kasuistischen Ethik und der Charybdis einer dunklen Ethik des Kairos[334], indem sie in der Begegnung von Gott und Mensch in Christus Konstanten einer neuen Humanität entdeckt, den „konturierten Imperativen“[335] der fordernden und befreienden Liebe Gottes nachgeht und „geformte Hinweise“[336] auf das ethische Ereignis zu geben versucht, damit es in ihm zu einem der Tat Gottes parallelen, analogen menschlichen Tun kommen kann.

Ethik fällt damit allerdings in den Bereich der Pneumatologie oder der Vorsehungslehre; das Verständnis des konkreten Gebietens Gottes schließt jede Verallgemeinerbarkeit aus. Selbst das im Dekalog fixierte Gebot darf nicht als abstraktes Gesetz gegen den Willen des Gesetzgebers, gegen Gottes lebendiges Gebieten ausgespielt werden. So ist für Barth nicht auszuschließen, daß es Fälle geben kann, in denen die Tötung ungeborenen Lebens „nicht Mord, sondern geboten ist“[337]. Denn wenn Gottes Gebot nicht in allgemeinen Regeln und Vorschriften besteht, die vom Handelnden – mit der Möglichkeit einer Kollision der Perspektiven und Pflichten – auf die konkrete Situation anzuwenden wären, sondern immer konkretes Gebieten ist, dann läßt es keine Freiräume, in denen die menschliche Entscheidung eine verzweifelte Wahl und kein getrostes Gehorchen wäre. Das Konzept des *konkreten* Gebietens Gottes hebt, ähnlich wie auf ihre Weise die Ethik *Kants*, den Gedanken einer Pflichtenkollision auf, sodaß auch die Tötung der Leibesfrucht – in einem nicht verallgemeinerbaren Sinn – als „geboten“ bezeichnet werden kann. Gegen die Gefahr des Dezisionismus ist eine solche Ethik nur dadurch gesichert, daß die Entscheidung vor dem in der Gottesbegeg-

---

334 Ebd. 5.
335 Ebd. 54.
336 *Karl Barth*, KD III 4, 1967, 18f. 25. 27ff.
337 Ebd. 480.

nung in Christus vernehmbaren Zuspruch und Anspruch gerechtfertigt werden muß. Denn die Erkenntnis von Gottes konkretem Gebieten erfolgt nicht abseits des Christusereignisses und seiner Erschließung für den Glauben heute. Darum bildet „das Gebet [...] das Gelenk zwischen Providenzlehre und Ethik. [...] Das Gebot teilt uns mit, wo und wie wir von Gottes verheißungsvollem Handeln in unserem Tun und Lassen umfangen sind. Und das Gebet geschieht, weil wir so von ihm umfangen sind. An dem Umstand, daß überhaupt gebetet wird, wird deutlich, daß wir es mit begrenzten menschlichen Möglichkeiten zu tun haben“[338].

Auf katholischer Seite ist die Situationsethik 1956 durch eine Instruktion des Heiligen Offiziums, der Vorgängerbehörde der heutigen Glaubenskongregation, verurteilt worden (DH 3918-3921). Zurückgewiesen wird die Meinung, „daß die entscheidende und letzte Handlungsnorm nicht die rechte objektive Ordnung sei, die durch das Naturgesetz festgelegt und aus diesem Gesetz sicher erkannt ist, sondern ein gewisses inneres Geistesurteil und -licht eines jeden Individuums, durch das ihm, wenn es sich in der konkreten Situation befindet, klar wird, was es tun soll“. Dem stellt die Instruktion unter Berufung auf die wichtigsten Autoren eine „objektive Ethik“ gegenüber, wonach die „letzte Entscheidung des Menschen [...] eine Anwendung des objektiven Gesetzes auf den besonderen Fall unter gleichzeitiger Berücksichtigung und Gewichtung der besonderen Umstände der ‚Situation‘ nach den Regeln der Klugheit“ ist.

Doch bleibt nicht auch bei kluger Anwendung des objektiven Gesetzes auf den einzelnen Fall noch ein Rest von nicht verallgemeinerbarer Individualität? *Karl Rahner* hat versucht, dieses Problem mit der Idee einer „Existentialethik“ zu lösen. Er teilt die lehramtliche Einschätzung der Situationsethik, weil sie in letzter Konsequenz „die Aufhebung eines kirchlichen Christentums bedeuten würde, da es ja gar keine verkündbaren material-inhaltlichen Sätze mehr geben könnte, die die Kirche an alle und damit an jeden Einzelnen als solchen richten könnte“. Sie würde den Menschen „absolut isolieren“ und

---

338 *Sauter*, aaO. 340.

so „eine *kirchliche* Wirklichkeit des Einzelnen, die für sein Heil bedeutsam ist, unmöglich machen“[339].

Für die Gewinnung material-ethischer Sätze scheiden zwei Wege für *Rahner* aus: (a) Eine Privatoffenbarung, durch die der lebendige Gott seinen Willen einem Menschen unmittelbar kundtun würde, ist als Möglichkeit niemals grundsätzlich auszuschließen, trägt aber für eine methodisch geleitete Urteilsfindung nichts aus. (b) Eine immer weiter verfeinerte Kasuistik, wie sie in den Moralhandbüchern der Tradition vorliegt, geht von der problematischen Voraussetzung aus, daß das Individuelle am menschlichen Tun bloß eine quantitative Ausgrenzung aus dem Allgemeinen sei. Aber realisiert der Handelnde bloß eine allgemeine Norm? Oder gibt es einen absolut einmaligen Ruf Gottes an den einzelnen, der zu einem nur ihm erkennbaren Auftrag ermächtigt?

Die zweite Möglichkeit ist für Rahner nicht wie bei Barth in der Geschichtlichkeit des Gebietens Gottes, sondern in der geistigen Struktur des Individuums begründet. So kommt er zur „Behauptung eines positiv Individuellen“ in den geistig-personalen Akten des Menschen, das nicht bloß Eingrenzung eines Allgemeinen, sondern absolut einmalig ist: „Mindestens in seinem Handeln ist der Mensch wirklich auch (nicht nur!) individuum ineffabile, das Gott bei seinem Namen gerufen hat, einem Namen, den es nur einmal gibt und geben kann, so daß es wirklich der Mühe wert ist, daß dieses Einmalige als solches in Ewigkeit existiert“[340]. Der Begriff „Existentialethik“ empfiehlt sich für Rahner deshalb, weil der Begriff Existenz dasjenige an der Person ausdrückt, was nicht im Allgemeinen, in der Essenz aufgeht:

„Was wir Existentialethik nennen, ist die Lehre, daß es eine solche existentiale, auf die allgemeinen Prinzipien nicht mehr reduzierbare Erkenntnis des einzelnen hinsichtlich eines Anrufes Gottes gebe, der nicht

---

[339] *Karl Rahner*, Der Anspruch Gottes und der einzelne (1960), in: Schr. z. Theol. Bd. 6, Einsiedeln-Zürich-Köln 1965 (521-536) 521.

[340] *Karl Rahner*, Über die Frage einer formalen Existentialethik, in: Schr. z. Theol. Bd. 2, 1955 (227-246) 236. 237. Der Sache nach läßt sich das Axiom „individuum est ineffabile“ („das Individuum ist nicht aussagbar“) bis zu Aristoteles zurück verfolgen. Als Grund für die Unaussagbarkeit des Individuums gilt der mittelalterlichen Philosophie ontologisch die Materie und praktisch die Freiheit.

nur etwas Erlaubtes oder Mögliches, Zulässiges anbietet, sondern zu einem bestimmten Auftrag ruft und zu diesem dann verpflichtet, obwohl auch das Gegenteil davon mit den allgemeinen materialen Prinzipien einer Existentialethik vereinbar wäre“[341].

Während Barth die Ablehnung der Kasuistik mit der Lebendigkeit des Gebietens Gottes begründet, geht Rahners Existentialethik von einer „ontologischen, metaphysischen Voraussetzung“ aus, der Existenz eines unaussagbaren Individuums, die für das Christentum „von zentraler Bedeutung“ sei. Insofern kann der Sachverhalt auch anthropologisch ausgedrückt und gesagt werden, daß der irreduzible Anruf Gottes an das Individuum „von ihm als solchem aus“ ergeht, sofern er in der besonderen Struktur von Geist, Bewußtsein und Freiheit gründet[342]. Damit bestätigt sich auch an dieser Stelle eine Strukturanalogie zwischen der Theologie Barths und dem Denken Rahners unter dem Aspekt der siegreichen Gnade[343]. Wie die christologische Bestimmtheit menschlicher Humanität (Barth) bei Rahner in ein übernatürliches Existential der Gnade (s. o.) transponiert ist und die Stelle der relationalen, soziomorphen Metaphern („Bund“, „Gebot“, „Gehorsam“) durch transzendentalphilosophische („Woraufhin“, „Horizont“, „Bedingung der Möglichkeit“) besetzt wird, so erscheint auch das lebendige Gebieten Gottes bei Rahner transzendental-anthropologisch ausgesagt.

Mit dem Konzept der Existentialethik würde sich Rahner zufolge die Diskussionslage zwischen katholischer Moraltheologie und evangelischer Ethik „zunächst praktisch“ entspannen, weil beide Seiten vor der Aufgabe stehen, „den konkreten Christen“ für eine ethische Situation auszurüsten, „deren richtige Lösung konkret ihm nicht mehr so unmittelbar von der amtlichen Kirche gesagt werden kann“. An heutige ethische Probleme reiche weder eine katholische Essentialethik noch eine evangelische Situations- oder Gesinnungsethik heran. Empfinden Katholiken die Notwendigkeit einer „Individual-

341 *Rahner*, Schr. z. Theol. Bd. 6, 531.
342 Ebd. 522f. 528.
343 Vgl. *James H. Gustafson*, Protestant and Roman Catholic Ethics, Chicago-London 1978, 122-126.

ethik der konkreten sittlichen Entscheidung über bloße Kasuistik hinaus", so könne auch der evangelische Ethiker nach Wegfall der traditionellen normativen Vorgaben den Christen nicht mehr „sorglos einfach bloß seinem ‚Gewissen' überlassen"[344].

Für eine geregelte, nachvollziehbare Urteilsfindung erweist sich eine induktive Kasuistik, die nicht einfach Normen an Situationen heranträgt, sondern in der Reflexion von Situationen aus der Perspektive des christlichen Ethos die normative Handlungsorientierung ermittelt, als unverzichtbar.

Die klassische katholische Moraltheologie kennt neben der deduktiven „conclusio" aus einem ethischen Grundsatz die „determinatio", bei der ein allgemeiner Satz durch Einbringen des Konkreten in das allgemeine Prinzip näher bestimmt wird. So läßt sich aus dem Grundsatz der Selbsterhaltung durch Konklusion der Satz „Du sollst nicht töten" gewinnen. Wenn das Naturgesetz Bestrafung des Schuldigen verlangt, ist es Sache der ein Element freien Ermessens enthaltenden Determination, welche Strafe zuerkannt werden soll. Ein zweiter Weg geht nicht vom Prinzip, sondern von der Sache aus, wie sie von einer handelnden Person wahrgenommen wird, etwa von einer Frau, die sich vor die Notwendigkeit von Empfängnisverhütung gestellt sieht[345]. In einem hermeneutischen Prozeß ist ihre Sicht dieses Sachverhalts zu klären: Ob es um Selbstbestimmung geht, um Rücksichtnahme auf schon vorhandene Kinder, um Solidarität angesichts der Überbevölkerung der Erde; in welcher Weise dabei das Gottesverhältnis involviert ist usw. Es werden dann nicht Prinzipien angewendet oder näher determiniert; die ethische Entscheidung ist von der ganzen Wirklichkeit getragen und enthält niemals nur rationale normative Elemente.

In der teleologischen Orientierung an Handlungszielen sind sich evangelische Ethik und zeitgenössische katholische Moraltheologie näher gekommen. Die von *Helmut Thielicke* im Blick auf die reformatorische Ethik getroffene Feststellung, daß die „Prinzipien gerade nicht wie Gesetze in kodifizierter Form vorliegen, sondern [...] im Akte des Durchfragens zugleich gefunden werden müssen" und einer solchen Ethik „ein

---

[344] *Karl Rahner*, Zur „Situationsethik" aus ökumenischer Sicht, in: Schr. z. Theol. Bd. 6, 537-544.

[345] Vgl. *Philipp Schmitz*, Kasuistik. Ein wiederentdecktes Kapitel der Jesuitenmoral, ThPh 67, 1992, 29-59.

wesentlich höheres Wagnis der Entscheidung inne[wohnt] als sie einer bloßen Subsumtion eignet"[346], ist seit dem Konzil längst gemeinsame Einsicht.

Auf evangelischer Seite haben eine Reihe von Ethikern Vorschläge für ein Verfahren ethischer Urteilsbildung gemacht (*Heinz Eduard Tödt, Martin Honecker, Christofer Frey, Arthur Rich, Dietz Lange*). Dem inzwischen ökumenisch rezipierten Dreischritt „Sehen-Urteilen-Handeln" (s. o.) entsprechend stimmen sie im Einsatz bei der Situationsanalyse überein. Solange dagegen die evangelische Ethik die Gebote Gottes oder die Ordnungen als Schemata isolierte und dann an die Situation herantrug, machten sich die Probleme der Kasuistik geltend. Dem ist nur zu entgehen durch Voranstellung der Situationsanalyse vor der normativen Reflexion.

Allerdings fließen schon in die Analyse Wertungen mit ein. So stellt die EKD-Denkschrift über Aufgaben und Grenzen kirchlicher Äußerungen zu gesellschaftlichen Fragen fest:

> „Es ist vorgeschlagen worden, methodisch möglichst nicht bei den theologischen Glaubensaussagen, sondern bei den faktisch vorfindlichen Gegebenheiten und Fragestellungen einzusetzen und zunächst die verschiedenen, evtl. gegensätzlichen Lösungsversuche zu erörtern, die von Wissenschaftlern und Praktikern angeboten werden und zwischen denen dann aus der Erkenntnis des Glaubens zu wählen wäre. Auch bei einer solchen pragmatischen Methode muß aber deutlich bleiben, daß schon bei der Klärung der Sachverhalte und der Feststellung der vordringlichen Nöte der Glaube die Blickrichtung mitbestimmt"[347].

Der Glaube wirkt nicht nur in der Motivschicht, sondern auch kognitiv im Bereich der Problemwahrnehmung. Vor allem *Tödt* und *Frey*, aber auch *Fischer* oder *Hauerwas* (s. o.) unterstreichen, daß die Grundannahmen des christlichen Glaubens schon bei der Erhellung der Lebens- und Entscheidungssituationen von Menschen ins Spiel zu bringen sind, wenn die theologische Ethik ihren Auftrag sich nicht einfach von einer pluralen Öffentlichkeit oder durch anderswo erfolgte Wirklichkeitsdefinitionen zumessen lassen will. Dies ist

346 *Helmut Thielicke*, Theologische Ethik, Bd. II 2, Tübingen 1958, 758.
347 Aufgaben und Grenzen kirchlicher Äußerungen zu gesellschaftlichen Fragen, Nr. 64.

beispielsweise oft die Situation in staatlichen Ethik-Kommissionen, deren Arbeit sich angesichts der von der Forschung längst geschaffenen Fakten auf die Abschätzung von Risiken und Kosten-Nutzen-Analysen reduziert[348]. Christen und Kirchen können sich aus solchen Aufgaben, in denen gleichsam ein „opus alienum" christlicher Ethik im Dienst an der Gesellschaft und ihren Problemen geschieht, nicht zurückziehen, dürfen sich aber die Ausblendung ihres spezifischen Wahrnehmungs- und Begründungszusammenhangs nicht als Prinzip auferlegen. Was sie in den gesellschaftlichen Diskurs und die politische Praxis einbringen können, läßt sich als „Zumutungen aus dem Evangelium"[349] an die praktische Vernunft umschreiben: Es ist die Vernunft, der eine ethische Antwort zugemutet und zugetraut wird, die der im Evangelium aufscheinenden Vision eines „menschlichen Menschen" (Barth) entsprechen.

Als Grundkriterien ethischer Urteilsbildung haben die Begriffe des „Menschengerechten" und des „Sachgerechten" (*Arthur Rich*[350]) eine breite Rezeption erfahren. Sie sind um das Kriterium der „Schriftgemäßheit" zu erweitern, das aber nicht biblizistische Herleitung von Handlungsanweisungen meint, sondern Orientierung an der biblischen Botschaft im Ganzen. Zugleich kann über „Schrift- und Sachgemäßheit" einer ethischen Stellungnahme nicht im vorhinein dekretiert werden; sie muß „sich im Vollzug bewähren und erweisen"[351].

Normen und Regeln spielen auch in der evangelischen Ethik eine wichtige Rolle, „insoweit sich das, was sie formulieren, im Sinne der Liebe als christliche Leitorientierung verstehen läßt", heißt es in der medizin- und bioethischen Argumentationshilfe der EKD:

---

348 *Ulrich H. J. Körtner*, Zwischen den Zeiten, Bielefeld 1997, 84f.

349 *Eberhard Jüngel*, Mit Frieden Staat zu machen, München 1984, 57.

350 *Rich*, Wirtschaftsethik, Bd. 1, 82f. 76. Bei Rich liegt den „Kriterien" des Menschengerechten (wie „Mitmenschlichkeit", „Partizipation", „Geschöpflichkeit", „Kritische Distanz"), an denen sich das sozialethische Urteil orientiert, als „Grundorientierung" noch die „Humanität aus Glaube, Hoffnung und Liebe" voraus, die für Rich zur Grundverfassung menschlichen Daseins gehört, für Christen aber einen spezifischen Ursprung und Horizont besitzt.

351 Aufgaben und Grenzen kirchlicher Äußerungen zu gesellschaftlichen Fragen, Nr. 32.

„Doch weil Liebe auch an der Bedürftigkeit der Person in ihrer spezifischen Individualität orientiert ist, können solche Normen und Regeln unter dem Vorbehalt stehen, daß es Einzelfälle gibt, die nicht unter sie zu fassen sind und die möglicherweise überhaupt nicht nach Regeln behandelt werden können. Die ethische Tradition spricht diesbezüglich von ‚Einzelfallgerechtigkeit' und stimmt darin weitgehend mit dem überlieferten Prinzip der ‚Billigkeit' überein. [...]

Das heißt allerdings nicht, daß die evangelische Ethik sich nun umgekehrt einseitig zum Anwalt des Einzelfalls und der Grenzfälle machte. Einzelfallgerechtigkeit und Grenzfälle gibt es nur, wo es allgemeine Regeln gibt. Daher besteht die ethische Aufgabe zunächst darin zu verstehen, welche Regeln um der Liebe willen, d. h. im Interesse des Schutzes und der Förderung des Anderen auch in seiner Bedürftigkeit und Verletzlichkeit, Geltung besitzen und Beachtung verdienen. Aber es gehört sodann doch auch dazu, die Grenz- und Einzelfälle wahrzunehmen, die sich nicht unter allgemeine Regeln fassen lassen. Solche Sensibilität fürs Individuelle ist ein wesentliches Merkmal einer Haltung, die im Christentum als Liebe beschrieben wird. Man kann diese Haltung aufgrund ihres Ursprungs im Geist Gottes auch als Geist der Liebe bezeichnen, der mit dem christlichen Glauben untrennbar verbunden ist"[352].

e) Kirche und ethischer Pluralismus

Schrift- und Sachgemäßheit sind nach evangelischem Verständnis auch das entscheidende Kriterium für „die Kirchlichkeit einer Äußerung". Keine formale Autorität eines Amtes oder eines synodalen Verfahrens kann kirchliche Stellungnahmen vor theologischer Kritik schützen, im Gegenteil: wo es darum geht, ob kirchliche Worte diesem Kriterium genügen, ist sachbezogener Widerspruch keine unchristliche Haltung, sondern geradezu geboten[353]. Damit ist die Frage des ekklesiologischen Selbstverständnisses berührt, die neben der lehramtlichen Theorie des sittlichen Naturgesetzes einen zweiten Streitpunkt in der Ethik bildet, und zwar nicht nur zwischen evangelischer und katholischer Ethik, sondern auch innerhalb der katholischen Theologie. Im Verständnis des Gewissens berühren sich die beiden Problemkreise.

---

[352] Im Geist der Liebe mit dem Leben umgehen, 15.

[353] Aufgaben und Grenzen kirchlicher Äußerungen zu gesellschaftlichen Fragen, Nr. 41.

Naturgesetz und Gewissen bilden für die Scholastik die objektive und die subjektive Norm sittlichen Handelns. Charakteristisches Merkmal ist die Unterscheidung von „synteresis" (auch: „synderesis") und „conscientia", die besonders von Thomas von Aquin systematisch ausgebaut wurde. Der (wahrscheinlich durch mittelalterliche Verschreibung aus „syneidesis" entstandene[354]) Begriff „Synteresis" bezeichnet die *Gewissensanlage*, also das in jedem Menschen angelegte Grundvermögen sittlichen Erkennens, dessen Gegenstand die allgemeinen praktischen Prinzipien sind. „Conscientia" steht für die aktuelle *Gewissenstätigkeit*, die darin besteht, das natürliche Sittengesetz auf den konkreten Einzelfall anzuwenden. Die Synteresis gilt als irrtumsfrei und zeitlos unwandelbar, der einzelne Urteilsakt der conscientia kann dagegen irren. Diese Möglichkeit, daß das konkrete Gewissensurteil (infolge irriger Annahmen oder Folgerungen) falsch sein kann, verpflichtet zur Bildung des Gewissens, hebt aber die Bindung an seinen Spruch nicht auf.

Gegenüber den scholastischen Differenzierungen und im Blick auf die erkenntnistheoretische Problematik muß die zentrale Konzilsaussage über das Gewissen (GS 16) als eine Vereinfachung bezeichnet werden:

„Im Innersten seines Gewissens entdeckt der Mensch ein Gesetz, das er sich nicht selbst gibt, sondern dem er gehorchen muß und dessen Stimme ihn immer zur Liebe und zum Tun des Guten und zur Unterlassung des Bösen anruft und, wo nötig, in den Ohren des Herzens tönt: Tu dies, meide jenes. Denn der Mensch hat ein Gesetz, das von Gott seinem Herzen eingeschrieben ist, dem zu gehorchen eben seine Würde ist und gemäß dem er gerichtet wird. Das Gewissen ist die verborgene Mitte und das Heiligtum des Menschen, in dem er allein ist mit Gott, dessen Stimme in seinem Innersten zu hören ist. Im Gewissen erkennt man in wunderbarer Weise jenes Gesetz, das in der Liebe zu Gott und dem Nächsten seine Erfüllung hat. Durch die Treue zum Gewissen sind die Christen mit den übrigen Menschen verbunden im Suchen nach der Wahrheit und zur wahrheitsgemäßen Lösung all der vielen moralischen Problem, die im Leben der einzelnen wie im gesellschaftlichen Zusammenleben entstehen. Je mehr also das rechte Gewissen sich durchsetzt, desto mehr lassen die Personen und Gruppen von der blinden Willkür ab und suchen sich nach den objektiven Normen der Sittlichkeit zu richten. Nicht sel-

[354] Weiteres zur Herkunft des Begriffs bei *Honecker*, aaO. 131f.

ten jedoch geschieht es, daß das Gewissen aus unüberwindlicher Unkenntnis irrt, ohne daß es dadurch seine Würde verliert. Das kann man aber nicht sagen, wenn der Mensch sich zu wenig darum bemüht, nach dem Wahren und Guten zu suchen, und das Gewissen durch Gewöhnung an die Sünde allmählich fast blind wird."

Der Weltkatechismus bietet einen Auszug aus GS 16, läßt aber die Konzilsaussage über die Würde auch des irrenden Gewissens aus (KKK 1776), während VS sie zitiert (62). Der Katechismus stellt stattdessen die mögliche Schuldhaftigkeit eines fehlerhaften Gewissensurteils stärker heraus (1801). Die Theorie des irrenden Gewissens leidet allerdings schon bei Thomas daran, daß im Falle einer schuldhaften Unkenntnis des Gesetzes (die als Sünde gilt) nicht entscheidbar ist, wer als (unfehlbares) Subjekt dessen, „was man zu wissen verpflichtet ist" (*illud quod scire tenetur*)[355], in Frage kommt – ein Punkt, an dem die Gewissens- mit der Lehramtsproblematik (s. u.) zusammenhängt[356].

Die Reformation verstand das Gewissen nicht als autonomen sittlichen Wesenskern im Menschen, sondern transmoralisch und relational als den Ort, wo das Befreiungsgeschehen von Gesetz und Evangelium sich ereignet und der Glaube den Kampf gegen den Heilsanspruch des Ethischen bestehen muß:

„Die christliche oder evangelische Freiheit ist die Freiheit des Gewissens, durch die das Gewissen von den Werken befreit wird, nicht damit keine getan werden, sondern damit es nicht sein Vertrauen in sie setzt"[357].

In der Freiheit des getrösteten Gewissens steht der einzelne Mensch unmittelbar vor Gott und bedarf zur Vermittlung des Heils keiner Vermittlung durch andere Menschen, unbeschadet dessen, daß ihn die Botschaft des Heils nicht ohne die Kirche und die anderen Christen erreicht. Wie das Evidentwer-

[355] STh I-II 19, 6 c.

[356] Zu Thomas und VS *Theo Dieter*, Conscience and Magisterium in *Veritatis Splendor*, in: Ecumenical Ventures in Ethics, 137-158.

[357] *Martin Luther*, De votis monasticis, 1521, WA 8 (554-669) 606 („Est [..] libertas christiana seu Evangelica libertas conscientiae, qua solvitur conscientia ab operibus, non ut nulla fiant, sed ut in nulla confidat"), zit. bei *Honecker*, aaO. 133.

den der Wahrheit des Evangeliums für den einzelnen sich allein dem freien Wirken Gottes verdankt, so erfolgt auch die ethische Urteilsbildung in persönlicher Verantwortung vor Gott. Maßgeblich für eine geistbestimmte Ethik ist dabei nicht das formale Gebotensein einer biblischen Weisung oder einer kirchlich tradierten Norm, sondern die Einsicht in Gründe. Eine Moral unverstandener Gebote ist mit dem neuen Status der Freundschaft, der den der Knechtschaft abgelöst hat (Joh. 15, 15), nicht vereinbar. Die Rechenschaftspflicht schließt aber auch ein, daß die Berufung auf das Gewissen nicht die Darlegung von vernünftigen Gründen und Gegengründen ersetzen kann. Wie die katholische Moraltheologie kennt auch die evangelische Ethik angesichts der Möglichkeit des irrenden Gewissens eine Pflicht zur Gewissensbildung, die auch den Dialog mit anderen und das Bedenken von Argumenten kirchlicher Stellungnahmen einschließt.

Für das römische Lehramt reduziert sich das Problem der individuellen Gewissensentscheidung, dem Rahners Konzept einer „Existentialethik" abhelfen wollte, auf korrekte „Anwendung des objektiven Gesetzes auf einen Einzelfall" (DH 3918). Der universale Charakter des Gesetzes und der Verpflichtung werde dabei nicht ausgelöscht, sondern vielmehr anerkannt (VS 59) und die „Autorität des Naturgesetzes" bestätigt (60). Während zeitgenössische Moraltheologen, z. T. unter ausdrücklicher Anknüpfung an Thomas, die Auffassung vertreten, daß eine falsche Handlung dennoch gut genannt werden kann, wenn der Handelnde aus Liebe handelt und sich um Erkenntnis des Richtigen bemüht hat[358], assoziiert VS das Gutsein ausschließlich mit der Wahrheit: „Auf jeden Fall beruht die Würde des Gewissens immer auf der Wahrheit"; die Handlung eines irrenden Gewissens kann nicht den gleichen sittlichen Wert besitzen, sie „bleibt [...] ein Übel" (60).

Existentialethische Überlegungen werden zurückgewiesen: Würde das Gewissen aufgrund einer „existentiellen Betrachtungsweise" unter Berücksichtigung der Situation eine Ausnahme bezüglich der theoretischen Regel machen, dann würde es aus der Sicht Johannes Pauls II. „letzten Endes über

[358] *James F. Keenan*, in: Ecumenical Ventures in Ethics, 276f.

Gut und Böse entscheiden" und sich anmaßen, „im Gegensatz zur Lehre des Lehramtes zu stehen" (VS 56). Von dieser Kritik wird auch die „Königsteiner Erklärung" der deutschen katholischen Bischöfe von 1968 getroffen, die in der Auseinandersetzung um HV die Möglichkeit eingeräumt hatten, daß Gläubige in ihrem Gewissen zu der festen Überzeugung gelangen können, daß sie in ihrer persönlichen Situation der Lehrverkündigung über die Empfängnisverhütung nicht folgen können. Im deutschen Katholischen Erwachsenen-Katechismus von 1995 wird die Königsteiner Erklärung zwar noch erwähnt. Er enthält sich jedoch eines Urteils über die Legitimät einer solchen Gewissensentscheidung und zitiert nur noch die kritischen Vorbehalte ihr gegenüber[359].

Mit der Verurteilung der direkten Abtreibung und der Euthanasie in der Enzyklika „Evangelium vitae" hat das Lehramt erstmals in Fragen der Moral eine Lehre „definitiv" vorgelegt. Sie gehört damit zu jenen Lehren, die das „sekundäre Objekt" der Unfehlbarkeit bilden, wogegen die in der Offenbarung selbst enthaltenen Lehren ihr „primäres Objekt" darstellen. „Definitiv" können solche Lehren vorgelegt werden, „die, wenn auch nicht von Gott geoffenbart, doch eng und zuinnerst mit der Offenbarung verbunden sind". Während als geoffenbart vorgelegte Lehren des Primärbereichs Glaubenszustimmung oder „theologalen Glauben" fordern, muß das in der Glaubens- und Sittenlehre definitiv Vorgelegte „fest angenommen und beibehalten werden". Eine dritte Kategorie bilden Äußerungen des „authentischen" Lehramtes, die ohne die Absicht, einen ‚definitiven' Akt zu setzen, eine Lehre in Glaubens- und Sittensachen vorlegen, der die Gläubigen „mit religiösem Willens- und Verstandesgehorsam anhangen" müssen[360].

Die Gehorsamsforderung des Lehramtes ist mit einer kirchenrechtlichen Strafsanktion[361] bewehrt. Sie gilt nicht nur der Leugnung eines *Dogmas,* sondern auch der Ablehnung von Lehren zweiter oder dritter Ordnung. So verpflichtet der Glaubenseid („professio fidei") die Amtsträger auch auf ethische Lehren der zweiten Kategorie, die zwar *noch nicht als Dogma verkündet, aber dennoch als unfehlbar vorgelegt* wurden[362]. Zu die-

---

359 Katholischer Erwachsenen-Katechismus, 370f.

360 Kongregation für die Glaubenslehre: Instruktion über die kirchliche Berufung des Theologen, 24. Mai 1990 (VApS 98), 23.

361 CIC c. 1371 Nr. 1.

362 Lehrmäßiger Kommentar der Glaubenskongregation zur Schlußformel der „Professio fidei" (29. Juni 1998), in: Kongregation für die Glaubenslehre: Lehramtliche Stellungnahmen zur „Professio fidei" (VApS 144), 1998, Nr. 9 Anm. 17.

sen irreformablen Lehren, die mit Festigkeit angenommen und als ganze wie im einzelnen („omnia et singula") festgehalten werden müssen, gehören außer dem Verbot der Abtreibung[363] nach lehramtlicher Kommentierung die Unerlaubtheit der Euthanasie sowie die Unrechtmäßigkeit der Prostitution und der Unzucht[364]. Zur dritten Kategorie der *nicht-unfehlbaren oder authentischen Lehramtsaussagen* gehört nach Überzeugung vieler Moraltheologen die Lehre von HV. Faktisch wird sie aber vom römischen Lehramt bereits als irreformabel im Sinn der zweiten Stufe betrachtet.

Die Moralenzyklika Johannes Pauls II. ist an die „Mitbrüder im Bischofsamt" gerichtet, denen sie die Prinzipien für die Unterscheidung des der ‚gesunden Lehre' Widersprechenden (VS 30) erstmals in dieser Ausführlichkeit darlegt (115). Diese Verengung des Lehramtes auf die päpstliche Autorität, die sich in der Frage der Beteiligung der katholischen Kirche an der Schwangerschaftskonfliktberatung in Deutschland auch praktisch ausgewirkt hat, steht in deutlicher Spannung zu Erwartungen eines dezentral und kontextuell wahrgenommenen Lehramtes, wie sie im ökumenischen Dialog vor allem von den Anglikanern geäußert wurden (s. o.).

Auf evangelischer Seite hat die Frage, wie sich ethischer Dissens und Gemeinschaft im Glauben zueinander verhalten, durch die Diskussion um embryonale Stammzellenforschung und Präimplantationsdiagnostik neue Aktualität gewonnen. Die Argumentationshilfe der EKD „Im Geist der Liebe mit dem Leben umgehen" greift aus dem Einspruch evangelischer Ethiker vom Januar 2002 (s. o.) die Feststellung auf, daß „die protestantische Tradition immer nur in wenigen Fragen Eindeutigkeit oder gar Einstimmigkeit verlangt [hat], nämlich in den Grundfragen des Glaubens, mit denen die Kirche steht oder fällt"[365]. Mit dieser Unterscheidung ist jedoch noch keine letzte Klarheit geschaffen, da zugleich eingeräumt wird, daß „an den Einzelfragen [...] religiöse und weltanschauliche Überzeugungskonflikte auf[brechen]" und zudem keine Einmütigkeit in der Gewichtung der Dissense besteht: Was für die eine

---

[363] Evangelium vitae, 62; zur Nichterwähnung im Kommentar der Glaubenskongregation *Götz*, aaO. 78; 160.
[364] Lehrmäßiger Kommentar, Nr. 11.
[365] Im Geist der Liebe mit dem Leben umgehen, Vorwort.

Seite „einen ethischen Fundamentaldissens“ darstellt, ist für die andere „Ausdruck eines Pluralismus der Auffassungen“, der in Kirche und Gesellschaft ohne Schaden für das Fundamentale akzeptiert werden kann[366].

Der aus den Fundamentalunterscheidungen der Rechtfertigungslehre sich ergebende Umgang der evangelischen Seite mit ethischen Dissensen bereitet ökumenisch Schwierigkeiten. Die These, daß Kirche allein durch Wort und Sakrament und durch das Gottesverhältnis der einzelnen Gläubigen konstituiert wird, sodaß deren unterschiedliches Weltverhalten das gemeinsame Gottesverständnis nicht tangiert und deshalb keine Rückwirkungen auf ihre Kirchengemeinschaft haben kann, wird in dem erwähnten Sondervotum evangelischer Ethiker, dem sich die Positionen von *Dietz Lange*, *Wolfgang E. Müller*, *Eilert Herms* zur Seite stellen lassen, geradezu in den Rang „einer neuen protestantischen Unterscheidungslehre“[367] erhoben.

Daß ein solches „Nicht-Verhältnis von Ekklesiologie und Ethik“[368] dem Selbstverständnis der protestantischen Tradition entspreche, läßt sich zumindest für die Anfangsphase der Reformation bestreiten. Auch in den Auseinandersetzungen der siebziger und achtziger Jahre des vergangenen Jahrhunderts um „ethische Häresie“ und „status confessionis“ wurden Grenzen des ethischen Pluralismus diskutiert. Sie sind nicht materialethisch zu bestimmen, sondern ergeben sich aus den dogmatischen Implikationen. So würde die Wesensgleichheit des Sohnes mit dem Vater und der positive Zusammenhang von Schöpfung und Erlösung, von Heil und Wohl geleugnet, wenn Christen etwa den weltlichen Bereich grundsätzlich seiner ‚Eigengesetzlichkeit‘ überließen oder die Sorge um den Nächsten für irrelevant erklärten[369].

---

[366] Ebd. 6. 42. Vgl. den kritischen Kommentar von *Rendtorff*, Grundkonsens im Dissens?

[367] *Eberhard Schockenhoff*, Gibt es eine ethische Grunddifferenz zwischen den Konfessionen? Eine Nachfrage bei Friedrich Schleiermacher, in: *Peter Walter/ Klaus Krämer/ George Augustin* (Hg.), Kirche in ökumenischer Perspektive (FS Kardinal Walter Kasper), Freiburg-Basel-Wien 2003 (504-521) 505.

[368] Ebd. 506.

[369] *Ellingsen*, aaO. 13f. 133f.

Schleiermacher, dem die Selbstunterscheidung des Protestantismus vom Katholizismus wichtig war, maß jener Indifferenz-These nicht die Bedeutung einer konfessionellen Grunddifferenz bei[370]. Er konnte einerseits daran erinnern, „daß die Kirche immer duldsamer war gegen die Verirrungen in der Sittenlehre, als gegen die in der Glaubenslehre, die ersteren erschienen ihr heilbar, weil nicht fundamental"[371]. Andererseits begriff er die Kirche selbst als Handlungsgemeinschaft im strikten Sinn oder als moralische Person, von der ebenso Bestimmtheit der inneren Gesinnung und Eindeutigkeit im äußeren Handeln zu fordern sei, wie dies vom Einzelnen als Subjekt des individuellen Handelns gelte. Individuelle Einsicht könne den einzelnen nur vorübergehend in einen Gegensatz zur Gemeinschaft bringen; es handle sich dann um korrektives Handeln, das ein besseres gemeinschaftliches Handeln des Ganzen und nicht eine dauerhafte Entgegensetzung des Einzelnen zum Ziel habe[372].

Es besteht ökumenisch noch kein Konsens darüber, „in welchem Sinn und bis zu welchem Grad" lebendige Gemeinschaft der Kirchen „eine gemeinsame Auffassung vom sittlichen Leben" voraussetzt[373]. Konkret zeigt sich dies vor allem dann, wenn eine Kirche inhaltliche ethische Positionen einnimmt, die von anderen Kirchen nicht geteilt oder dezidiert abgelehnt werden, wie es etwa bei der Frage der Anerkennung gleichgeschlechtlicher Partnerschaften der Fall ist.

---

370 Sie lag für ihn in der Ethik formal darin, daß der Katholizismus die imperativische Gebotsform bevorzuge, während die protestantische Sittenlehre indikativisch-deskripitiv verfahre; weiter darin, daß die katholische Auffassung von der Vollkommenheit der Kirche ihr weiteres sittliches Wachstum ausschließe, während der Protestantismus jedem Kirchenglied das Recht zuspreche, zur Verbesserung des kirchlichen Lebens beizutragen. Generell ist aber christliche Sittenlehre für *Schleiermacher* „eine geordnete Zusammenfassung der Regeln, nach denen ein Mitglied der christlichen Kirche sein Leben gestalten soll", weshalb auch für die indikativische Variante der christlichen Ethik gelte: „Nun aber kann das Nicht-Befolgen des Christentums keine andere Folge haben als das Nicht-Gehören zum Christentum" (bei *Schockenhoff*, aaO. 511. 512).

371 *Friedrich Schleiermacher*, Die christliche Sitte, hg. v. L. Jonas, SW I 12, 1843, 88, zit. bei *Honecker*, Grundriß der Sozialethik, 677.

372 *Schockenhoff*, aaO. 510f. 513.

373 Ecumenical Ventures in Ethics, VII.

Ein Konsens besteht heute in der Anerkennung der Tatsache, daß die homosexuelle Orientierung von einzelnen Menschen nicht frei gewählt ist und somit die Veranlagung selbst nicht schon als schuldhaft gelten kann. Es liegt nicht in der Macht des einzelnen, seine Orientierung zu ändern, wohl aber sittlich verantwortlich mit ihr umzugehen. Nach lehramtlichen katholischen Verlautbarungen bedeutet dies den *Verzicht* auf sexuelle Betätigung (KKK 2357-2359), während evangelische Kirchen auch den Weg der *Integration* in eine personale Beziehung, die die gelebte Sexualität einschließt, für möglich halten. Damit wird freilich eine lange christliche Tradition der kategorischen (biblisch und naturrechtlich begründeten) Ablehnung verlassen, sodaß die Anerkennung gleichgeschlechtlicher Partnerschaften, die Öffnung des Pfarramts für homosexuell lebende Personen in Einzelfällen und die Ermöglichung von Segenshandlungen durch einzelne Kirchen auch als eine Belastung des ökumenischen Miteinanders empfunden wird. Auch bei der Einführung der Frauenordination in den evangelischen, altkatholischen und anglikanischen Kirchen mußte dieser Aspekt bedacht werden.

Zum Problem eines ökumenischen Dissenses stellt die Orientierungshilfe der EKD zum Thema „Homosexualität und Kirche“ fest: „Wenn ein solcher Schritt um der Wahrheit und Liebe willen notwendig ist, muß er gewagt werden.“ Dabei kann innerevangelisch das Kriterium nur sein, ob durch Ordination von homosexuell lebenden Personen das „gemeinsame Verständnis des Evangeliums“ in Frage gestellt wird. Im Blick auf die anderen Kirchen müßte diesen verdeutlicht werden, „inwiefern die Zulassung einzelner homosexuell lebender Menschen von Schrift und Bekenntnis als den evangelischen Lehrgrundlagen her verantwortet wird. Die evangelische Kirche kann, wenn sie in dieser Frage zu einer gemeinsamen Erkenntnis kommt, anderen Kirchen kein Einspruchsrecht dagegen einräumen. Aber sie hat um der erstrebten und erhofften Gemeinschaft der Kirchen willen sorgfältig auf die Einwände anderer Kirchen zu hören, sie zu bedenken und auf sie zu antworten. Sie wird dabei auch anderen Kirchen zumuten, ihre offizielle Praxis im Licht der Bibel zu überdenken, um sie gegebenenfalls aufgrund besserer Einsicht zu korrigieren“[374].

Orientierung an der Bibel kann für ein reformatorisches Schriftverständnis nur eine Orientierung nicht an einzelnen Bibelstellen, sondern an der christologischen Mitte der Schrift bedeuten. In der Spannung von Gesetz und Evangelium können biblische Gebote nicht ungebrochen als Gesetz wiederholt

---

[374] Mit Spannungen leben – eine Orientierungshilfe zum Thema „Homosexualität und Kirche“, hg. vom Kirchenamt der EKD (1996), EKD-Texte 57, Nr. 5.2.3.

werden. Wenn auf diese Weise ethischer Pluralismus und Dissens durch das rechtfertigungstheologische Kriterium der Mitte der Botschaft ekklesiologisch aufgefangen werden kann, so kann dies indessen, wie die Argumentationshilfe „Im Geist der Liebe mit dem Leben umgehen" betont, nicht bedeuten, sich im Dissens einzurichten. Vielmehr gilt es, den ethischen Dialog zu führen ohne eine ‚Hermeneutik des Verdachts', die abweichenden Positionen nur entweder modernistische Glaubensverleugnung oder unevangelischen Fundamentalismus unterstellt. Eine Instanz, die den Streit schlichten könnte, kennt die evangelische Ekklesiologie nicht. Auch Synodalentscheidungen oder Bischofsworte können keine letzten Urteile sein, sondern nur das zum Ausdruck bringen, was sich in einer bestimmten Sachfrage im gemeinsamen Hören auf das Zeugnis der Schrift als gegenwärtig zu verantwortende Einsicht ergeben hat.

> „In evangelischer Perspektive hängt die Überzeugungskraft einer kirchlichen Verlautbarung davon ab, ob und in welchem Maß sie zu einer begründeten Urteilsbildung des Einzelnen beitragen und die dazu aus theologischer und kirchlicher Sicht relevanten Überlegungen und Argumente zur Verfügung stellen kann"[375].

Für die lehramtliche katholische Ekklesiologie stellt ethischer Pluralismus in der Kirche ein gravierenderes Problem dar. *Johannes Paul II.* klagt:

> „Verbreitet ist auch der Zweifel am engen und untrennbaren Zusammenhang zwischen Glaube und Moral, so als würde sich die Zugehörigkeit zur Kirche und deren innere Einheit allein durch den Glauben entscheiden, während man in Sachen Moral einen Pluralismus von Anschauungen und Verhaltensweisen dulden könnte, je nach Urteil des individuellen subjektiven Gewissens bzw. der Verschiedenheit der sozialen und kulturellen Rahmenbedingungen" (VS 4).

Darum sei es Aufgabe des Lehramtes, die Lehre der Kirche unverkürzt vorzulegen, und zwar nicht nur als eine allgemeine Orientierung („Paränese"), die von den einzelnen Christen in persönlicher Verantwortung situativ zu konkretisieren wäre (VS 37), sondern mit der Vollmacht,

---

375 Im Geist der Liebe mit dem Leben umgehen, 15f.

„durch das Gewissen der Gläubigen bindende Urteile jene Handlungen zu bezeichnen, die in sich selber mit den Forderungen des Glaubens übereinstimmen und seine Anwendung im Leben fördern, aber auch jene Handlungen, die aufgrund ihres inneren Schlechtseins mit diesen Forderungen unvereinbar sind“ (110).

Gegen den Vorwurf formalistisch-autoritativer Gewissensnötigung schützt sich das Lehramt durch die These, daß die Autorität der Kirche „der Gewissensfreiheit des Christen keinerlei Abbruch“ tut, „weil das Lehramt an das Gewissen nicht fremde Wahrheiten heranträgt“, sondern „ihm die Wahrheiten aufzeigt, die es bereits besitzen sollte“ (64). Von katholischen Kirchenrechtlern wird daher das Gewissen als eine „ekklesionome Instanz“ (*Norbert Lüdecke*)[376] charakterisiert.

Glaube an das rettende Heilshandeln Gottes und Gehorsam gegen Einzelforderungen des vom Lehramt ausgelegten sittlichen Naturgesetzes werden dabei faktisch auf der gleichen Ebene angesiedelt. Niemand könne nicht sittlich gut bleiben und das Heil erlangen, „wenn einige seiner konkreten Verhaltensweisen [...] zu den von der Kirche wieder vorgelegten Geboten Gottes entschieden und ernsthaft im Gegensatz stünden“ (68). Denn in der Stimme des Lehramts erklinge „die Stimme Christi, die Stimme der Wahrheit über Gut und Böse“ (117).

Das lehramtliche Verständnis von kirchlicher Autorität und Gewissensbindung ist mit dem evangelischen Verständnis nicht harmonisierbar, genauso wenig wie mit den Positionen einer autonomen Moral in christlichem Kontext, wie sie von katholischen Moraltheologen vertreten wird. Die formal-autoritative Gehorsamsforderung von HV (s. o.), die zu einer Krise der Lehramtsautorität in der katholischen Moraltheologie und beim Kirchenvolk geführt hat, erschwert auch den ökumenischen Dialog über die Ethik. Denn die Vorstellung, die Gewissen unabhängig von der Einsicht in Gründe binden zu können (HV 28; VS 110) und blinden Gehorsam gegen das Lehramt als Garantie sittlichen Handelns zu werten, „verändert schon den Begriff des ethischen Handelns so grundle-

[376] Zit. bei *Kreß*, Gemeinsame Erklärungen, aaO. 126.

gend, daß selbst ein im Einzelfall gleichlautendes Urteil nicht mehr gleich ist“[377].

3. Ausblick: Ethik und Rechtfertigung

„Autonome Moral“, „Leben aus dem Geist“, „christozentrische Ethik“ sind Abbreviaturen für charakteristische Versuche, auf den Begriff zu bringen, was geschieht bzw. was immer schon vorausgesetzt ist, wenn Christinnen und Christen aus ihrem Glauben heraus handeln und Verantwortung wahrnehmen. Sie erschöpfen diesen Vorgang nicht. Zum einen öffnet sich im Akt ethischen Handelns aus Glauben eine „responsive Differenz“: Im Ereignis des Antwortens auf einen fremden Anspruch tritt das Ich aus der Identität mit sich selbst und aus der Geschlossenheit seiner Wirklichkeitsentwürfe heraus; aus dem die/seine Welt konstituierenden Subjekt wird der „Respondent: ohne Absolutheitsanspruch, aber mit Unvertretbarkeitsauftrag“[378]. Zum andern lassen sich ethische Entscheidungen normativ nicht exklusiv aus theologischen Prämissen ableiten; dagegen spricht die Beobachtung, daß auch bei gleichen fundamentalethischen Ansätzen die Einzelurteile divergieren. Genauso viel hängt von der jeweiligen gesellschaftlich-politischen Sozialisation und den Wertekonsensen des moralischen Umfeldes ab, das freilich wiederum nicht dem theologischen Diskurs entzogen ist.

Die genannten Ethiktypen weisen jeweils spezifische Stärken und Schwächen auf.

Für die autonome Moral spricht, daß eine Moral unverstandener Gebote hinter der christlichen Freiheit zurückbleibt: „Ich nenne euch nicht mehr Knechte, sondern ich nenne euch Freunde“ (Joh. 15, 15). Im Geist Christi sind Christen nach einem bekannten Wort Luthers nicht auf Mose angewiesen,

---

[377] *Otto Hermann Pesch*, Kontroverstheologische Ethik? Überlegung zur Zukunft der Ökumene im Blick auf kirchliche Stellungnahmen zu ethischen Fragen, in: *Bayer u. a.*, Zwei Kirchen – eine Moral?, (235-273) 254.

[378] Dazu im Anschluß an das Konzept von *Bernhard Waldenfels* jetzt *Peter Dabrock*, Antwortender Glaube und Vernunft (Forum Systematik 5), Stuttgart-Berlin-Köln 2000, bes. 256-258. 287-289.

sondern können „neue Dekaloge machen“, die den mosaischen Dekalog noch überbieten[379]. Eine heteronome Gebotsmoral führt in den Legalismus. Sie schreibt zudem Gott für die ethische Argumentation eine Lückenbüßerfunktion zu, von der die Theologie in anderen Bereichen, etwa der Physik, mit guten Gründen abgerückt ist. Eine Schwäche der autonomen Moral liegt aber darin, daß sie das Christliche ganz in die Motivationsebene verlegt. Glaubende haben im Handeln das Christliche gleichsam im Rücken, sodaß es ihnen nicht mehr als Anstoß und Herausforderung ‚von außen‘, auch in materialer Hinsicht, entgegentreten kann.

Die transzendentaltheologische Version autonomer Moral bedenkt die ethische Frage so, daß mit ihr zugleich die fundamentaltheologische Frage nach letzter Sinnerfüllung für die welteröffnende Freiheit des Subjekts aufgeworfen ist. Das verhindert ein Auseinanderfallen von ‚Ethik‘ und ‚Dogmatik‘. Beide artikulieren Implikationen eines einzigen Begründungsgeschehens. Eine Schwierigkeit bildet indessen der Übergang von der ‚transzendentalen‘ zur ‚kategorialen‘ Ebene ethischer Normativität. Wird das Christliche in transzendentaler Fragestellung als Bedingung der Möglichkeit von existenzialer Freiheit begriffen, so erscheint es in einem subjekttheoretischen Raster, in welchem der Glaube leicht als Lösung eines philosophischen Problems verstanden werden kann.

Das Proprium einer Ethik des geistbestimmten Lebens liegt darin, daß sie sich nicht in einen Begründungsdiskurs auf der fiktiven Basis einer universalen, einheitlichen Vernunft begeben will, um christliches Ethos in Begriffen der allgemeinen Ethik zu beschreiben, sondern es in der ihm eigenen Wahrnehmungsperspektive und in seiner spezifischen Rationalität zu erfassen und zu verstehen sucht. Durch einen solchen Ansatz können Alternativen wie ‚Offenbarung‘ oder ‚Vernunft‘, Strebensethik oder Sollensethik überwunden werden. Wie in den kommunitaristischen Entwürfen verlagert sich die Priorität von der Normfrage ‚Was soll ich tun?‘ auf die Identitätsfrage ‚Wer wollen wir sein?‘ Nach dem Ende der objektiv ge-

---

379 *Martin Luther*, Propositiones disputatae Wittembergae pro doctoratu D. Hieron. Weller et M. Nik. Medler, 1535, WA 39/1, 47.

dachten Seinsordnung und des theistischen Weltbildes gewinnt das geistbestimmte Leben der christlichen Gemeinschaft verstärkte Bedeutung als neuer Begründungshorizont. Damit gerät eine Ethik des Typs „Leben aus dem Geist“ aber auch in Schwierigkeiten im Blick auf den argumentativen Anschluß an die allgemeine normethische Diskussion. Denn selbst wenn Christen ihr religiös bestimmtes Handeln nicht ‚begründen‘, sondern im Konflikt mit gesellschaftlich als fundamental geltenden Wertorientierungen lediglich ‚rechtfertigen‘ müssen, sind sie doch zugleich herausgefordert, sich selbst an der gesellschaftlichen Verständigung über das, was als normativ gelten soll, zu beteiligen.

Eine christozentrische Ethik hinterfragt das Schema von Indikativ und Imperativ, weil es suggeriert, daß es im christlichen Handeln zu einer Umwendung käme, durch die es nur noch bei sich selbst wäre und sich dem Willen und Urteil Gottes nicht mehr auszusetzen hätte. In der Perspektive des Reiches Gottes und der Christusherrschaft liegen auch materiale Herausforderungen, die nicht durch eine vorweggenommene friedliche Trennung der beiden ‚Reiche‘ und ihrer Rationalitäten zu bewältigen ist. Außerdem erfolgt die Erkenntnis und Annahme der Zumutungen des Evangeliums an die ethische Vernunft nicht ohne Partizipation am Kontext der kirchlichen Gemeinschaft. Die Gefahr der christozentrischen Ethik liegt in einer Tendenz zur Gruppenmoral oder zu einer christlichen Bevormundung der Gesellschaft, die der Verborgenheit und dem irdischen Noch-nicht der Christusherrschaft nicht gerecht wird.

Entscheidend für die Zukunft der christlichen Ethik auch in ihrer ökumenischen Verantwortung ist nicht so sehr die Diskussion um die Plausibilität der ethischen Modelle als vielmehr die Frage, ob christliches Handeln noch von einem solchen moralischen Umfeld durch die Kirche und die kirchliche Gemeinschaft getragen ist. Hier erweist auch die ökumenische Bewegung ihre Relevanz für die christliche Ethik. Gefragt ist nicht nur Verständigung in den theologischen Fundamenten und materialen Positionen. Es bedarf auch eines glaubwürdigen Miteinanders der christlichen Kirchen selbst. Mit gutem Grund erinnern ökumenische Konsenstexte an die wechselseitige Implikation von Dienst an der Welt und gottesdienstlicher Gemeinschaft[380].

‚Ethik' ist auf ‚Dogmatik' angewiesen, damit es nicht zu einer Ethisierung des Glaubens und soteriologischer Überhöhung des Handelns kommt. *Robert Musil* meinte ironisch, man müsse den „Verbrauch an Moral [...] einschränken"[381], und *Niklas Luhmann* bezweifelt, ob „Moral umstandslos für moralisch gut zu halten" sei, da sie Konflikte durch Vergabe oder Entzug von Achtung unnötig verschärfe[382]. In diesem Sinne ist die Begrenzung von Moral[383] gerade ein Anliegen reformatorisch geprägter Ethik. Christliches Handeln lebt von derjenigen Perspektive, die in der gottesdienstlichen Feier der Versöhnung und der Vorwegnahme der Hoffnung eröffnet wird.

Die These, daß das Christentum in sein ethisches Zeitalter eingetreten sei, kann die Ambivalenz nicht überdecken, die solcher Ethisierung innewohnt. Der Funktionalisierung des Christlichen auf Weltgestaltung und dem vielfältigen Engagement im sozialen, ökologischen oder friedenspolitischen Bereich ist ein Stachel im Fleisch mitgegeben, ein abgründiger Zweifel, den Hellhörige wie Nietzsche oder Dostojewski auszusprechen wagten: Sind es die Menschen wert, daß man sich ihretwegen engagiert? Geschieht es am Ende nur aus Überlebensangst, weil wir alle in einem Boot sitzen, vielleicht noch aus einem vagen Pflichtgefühl? Wenn die Empfänger unseres Wohlwollens nicht Wesen von Wert sind, dann erniedrigt jedes Wohltun die Empfänger. Dann schlägt die immer wieder erfahrene Ohnmacht der Helfer leicht in Haß auf die unvollkommene, sündhafte Welt um[384].

---

[380] Centre d'Études Oecuméniques (Strasbourg)/Institut für Ökumenische Forschung (Tübingen)/Konfessionskundliches Institut (Bensheim): Abendmahlsgemeinschaft ist möglich. Thesen zur eucharistischen Gastfreundschaft, Frankfurt 2003, 68f.

[381] *Robert Musil*, Der Mann ohne Eigenschaften. GW (Rowohlt) I, 246. 250f.

[382] *Niklas Luhmann*, Paradigm lost. Rede anläßlich der Verleihung des Hegel-Preises 1989, zit. in: JCSW 31, 1991, 327.

[383] *Johannes Fischer*, Über moralische und andere Gründe. Protestantische Einwürfe zu einer philosophischen Debatte. ZThK 95, 1998 (118-157) 124.

[384] *Charles Taylor*, Quellen des Selbst (stw 1233), Frankfurt a. M. 1996, 890-892.

In diesem Zusammenhang zeigt sich erneut die Bedeutung der Rechtfertigungsbotschaft für die Ethik, von der diese Darstellung ausgegangen ist. Verkündet sie doch Gottes Wohlgefallen am Menschen und stellt jenes „Siehe, es war sehr gut" vom Anfang wieder her, ohne das christliche Ethik ihre inspirierende Kraft verliert. Ein empirisch begründetes Urteil über die Welt und den Menschen ist das nicht. Es ist nicht ablesbar an dem, was ist. Es ist das schöpferische Sehen Gottes, das die Welt und die Sünder schön macht[385] und damit anzeigt, daß es mit der Welt noch nicht zu Ende ist und auf Zukunft hin gehandelt werden darf.

---

[385] *Martin Luther*, Heidelberger Disputation, 1518 (WA 1, 353-365): „Peccatores sunt pulchri, quia diliguntur, non ideo diliguntur, quia sunt pulchri" (365).

GLOSSAR

deontologisch
In der deontologischen (von griech.: „to deon“: „das Seinsollende, die Pflicht“) Ethik sind → teleologische Erwägungen, vor allem empirische Überlegungen über nützliche Folgen, ausgeschlossen. Eine Handlung gilt als gut und sittlich richtig, wenn sie Maximen folgt, die in sich gut sind, wie: ‚Versprechen sind zu halten‘, ‚Du sollst keinen Unschuldigen töten‘ oder ‚Handle so, daß du den Menschen stets als Person achtest‘. Kennzeichnend ist die Kategorie von Handlungen, die immer „in sich schlecht“ (lat.: „intrinsece malum“) sind, ungeachtet der Motive, Umstände und Folgen. Bedeutendster philosophischer Vertreter einer deontologischen Ethik war Kant.

Entelechie, entelechial
→ teleologisch

Essentialismus
Heute meist polemisch gebrauchter Begriff zur Bezeichnung einer philosophischen Position, die beansprucht, das Wesen (lat.: „essentia“) der Dinge unabhängig von geschichtlichen Zusammenhängen und sprachlichen Zeichenoperationen zu erkennen.

extrinsezistisch
Als extrinsezistisch (von lat.: „extrinsecus“: „von außen her“) bezeichnet die neuere katholische Fundamentaltheologie eine Auffassung des Verhältnisses von Natur und Gnade, welche die Ungeschuldetheit der Gnade nur so wahren zu können meint, daß sie als ‚von außen‘ zur Natur hinzutretend gedacht wird. Demgegenüber stellt der → transzendentaltheologische Ansatz eine innere Hinordnung der Natur auf die Gnade heraus, die gerade als umsonst gewährte und die Natur übersteigende die Natur vollendet. Karl Rahner bezeichnete diese Hinordnung, weil selber gnadenhaft geschenkt, als „übernatürliches Existential“.

Hermeneutik, hermeneutisch
Lehre vom Verstehen (griech.: „hermeneuein": „auslegen, deuten, übersetzen"), die sich vor allem mit den Bedingungen des Verstehens befaßt. Der Begriff „hermeneutischer Zirkel" bezieht sich auf die Einsicht, daß sich alles Verstehen einem Vor-Verständnis, einem Horizont verdankt, innerhalb dessen sich eine Sache erschließt und der zugleich durch die Sache wiederum verändert wird. Der hermeneutische Ansatz theologischer Ethik tritt von der → normativen Fragestellung einen Schritt zurück und sucht das christliche Ethos in seinem Zusammenhang mit dem Glauben und in seiner Begründungsstruktur zu verstehen.

Kasuistik
Eine methodische Anleitung, um konkrete Fälle unter allgemeine Normen zu fassen und zu beurteilen. Dies geschieht durch Anwendung vorgegebener Prinzipien und Normen auf den Fall (lat.: „casus") oder durch Rückgriff auf beispielhafte Fälle, um daraus die Regel für weitere Fälle zu gewinnen.

Kommunikabilität
Da nur ein Handeln, das aus Gründen erfolgt, ethischer Beurteilung unterworfen werden kann, müssen ethische Normen allgemein verstehbar formuliert sein, wenn ein vernünftiger Austausch („Kommunikation") der Diskursteilnehmer über sie möglich sein soll. In der theologischen Ethik ist umstritten, ob nur solche Argumente als kommunikabel gelten sollen, die sich dem aufgeklärten Konzept einer neutralen und universalen Vernunft in der Beobachterperspektive unterwerfen und so einem externen Kriterium von „Universalisierbarkeit" („Verallgemeinerbarkeit") genügen, oder ob die spezifische Rationalität des christlichen Ethos sich auf andere Weise manifestiert, zum Beispiel dadurch, daß sich seine wirklichkeitserschließende Kraft durch Selbstvergegenwärtigung seines Grundes im Glaubensleben immer neu zur Geltung bringt.

Kommunitarismus
Eine in den 80er Jahren des 20. Jahrhunderts in den USA entstandene Gegenbewegung zum Liberalismus. Sie kritisiert, daß die liberale Theorie das einzelne Individuum von den sozialen Zusammenhängen isoliere, der Frage der Gerechtigkeit

den Vorrang vor der Frage des Guten einräume und gesellschaftliche Fragen rein prozedural entscheide. Mit Aristoteles teilt der Kommunitarismus MacIntyres die Überzeugung, daß das Gute in konkreten Gemeinschaften mit ihren Wahrnehmungsperspektiven gelernt wird; die Fixierung der Ethik auf Normbegründung wird als Abstraktion kritisiert. Kommunitaristisch geprägte theologische Ethiker sprechen vom → narrativen Charakter der christlichen Ethik, sofern Christen als Glieder der Kirche in einer von Gott eröffneten Geschichte stehen, die ihre Wahrnehmung und ihre Urteile bestimmt.

Konsequentialismus
→ teleologisch

Metaethik
Metaethisch (griech.: „nach der Ethik") im weiteren Sinne heißt eine Reflexion, die nicht unmittelbar ethische Urteile über die sittliche Qualität einzelner Handlungen fällt, sondern die Möglichkeit ethischer Aussagen überhaupt klärt durch Analyse der Begriffe und Prinzipien, die als oberstes Kriterium der Beurteilung und Rechtfertigung von Normen fungieren, zum Beispiel: Was meint der Begriff „gut"? Soll Handeln sich am „größtmöglichen Nutzen für alle" orientieren oder an der „Anerkennung des Selbstwerts jeder Person"?

narrativ
Der aus der strukturalistischen Literaturtheorie und der philosophischen Geschichtstheorie übernommene Begriff (von lat. „narratio": „Erzählung") hebt darauf ab, daß wir immer schon in Geschichten verstrickt sind und unsere Identität sich durch Traditionen und Kommunikationsvorgänge formt. Narrative Ethik verweist auf Modelle gelingenden Handelns und zielt auf Haltungen (→ Tugendethik), nicht auf Normen. „Narrative Kasuistik" (Stanley Hauerwas) sucht abstrakte ethische Entscheidungsfragen (zum Beispiel: Wann ist eine Abtreibung erlaubt?) umzuformen durch eine Beschreibung aus der Sicht des Volkes Gottes.

Naturrecht
Die Theorie des Naturrechts sucht bestehendes Recht an einer Ordnung zu messen, die menschlicher Setzung vorausliegt

und sie normiert. Das aus der Antike überlieferte und durch den christlichen Schöpfungsgedanken vertiefte Naturrecht verstand „Natur" als eine gestufte Ordnung, in der jedem Seienden der seinem Wesen (→ Essentialismus) entsprechende Platz zugewiesen und die Zwecke für das gute Handeln vorgegeben sind. In dem Maße, wie dieser Ordnungsgedanke neuzeitlich in die Krise gerät, wird aus der Normativität der ‚Natur' die Normativität der ‚Vernunft', die nach der thomanischen (→ Thomismus) Auffassung an dem ewigen Gesetz Gottes teilhat. Im Gedanken des „natürlichen Sittengesetzes" bzw. „sittlichen Naturgesetzes" ist für katholische Moraltheologie ausgesagt, daß der Mensch kraft seiner Vernunft auf das Richtige ausgerichtet ist und dieses auch erkennen kann.

Neuscholastik
→ Thomismus

normativ
Normative Ethik sucht Handlungen zu begründen, indem sie in geregelter Argumentation einsehbare Handlungsanweisungen erarbeitet oder Handlungen beurteilt. Normativ sind alle Typen der deontologischen und teleologischen Ethik. Ihr Gegenstück ist eine deskriptive Ethik, die sich auf die Beschreibung eines Ethos beschränkt. Als „normativistisch" wird eine Ethik kritisiert, wenn sie ihre Fragestellung einseitig auf Normbegründung verengt.

Personalismus
Stellt das Wesen des Menschen als unverfügbare Person, die frei über sich selbst bestimmt und handelt, ins Zentrum, oft mit dem besonderen Akzent, daß die Wahrheit über das Seiende und den Menschen im besonderen sich nicht in theoretischem Erkennen, sondern nur in ‚personaler' Begegnung und Beteiligtsein erschließt. ‚Personizismus' ist ein polemischer Begriff zur Bezeichnung einer Position wie die von Peter Singer, die zwischen Menschsein und Personsein unterscheidet und letzteres von empirischen Merkmalen wie Selbstbewußtsein oder der Fähigkeit, Interessen zu haben und zu artikulieren, abhängig macht.

Pflichtethik
→ Sollensethik

Proportionalismus
Spielart der → teleologischen Normbegründung, bei der Kriterien richtigen Handelns durch eine Abwägung zwischen Werten und Gütern gewonnen werden, die sich daran orientiert, ob das Verhältnis („Proportion“) der guten und schlechten Folgen zueinander die Zulassung eines Übels rechtfertigt.

Sollensethik
Oft als Gegensatz zur → Strebensethik verstanden, da sie von einem sittlichen Anspruch ausgeht, der in der Frage „Was soll ich tun?“ (statt: „Welche Ziele erstrebe ich?“) zum Ausdruck kommt. In einer bestimmten Situation konkretisiert sich das Sollen als „Pflicht“, die zu selbstlosem Handeln nötigt. Einer Pflichtethik kommt es darauf an, daß das Handeln nicht in den Trieben und Wünschen des Subjekts seine Begründung findet, sondern aus reiner Achtung gegenüber einer gebietenden Instanz erfolgt, sei es das Gebot Gottes oder der im Nächsten begegnende Andere oder die Selbstbindung an das moralische Gesetz (Kant). Kants „kategorische Imperativ“ (in dritter Fassung: „Handle so, daß du die Menschheit sowohl in deiner Person als in der Person eines jeden anderen jederzeit zugleich als Zweck, niemals bloß als Mittel gebrauchst“) bezeichnet ein unbedingtes Sollen, das jede subjektive Absicht, auch das Glück, ausschließt, während „hypothetische“ Imperative eine Wenn-dann-Struktur aufweisen („wenn du x willst, mußt du y tun“).

Strebensethik
Geht aus von der menschlichen Lebensführung, die sich im Streben nach Gütern und Zielen vollzieht, und bewertet sie unter dem Gesichtspunkt, ob sie zum Lebensglück im ganzen beitragen. Ihre Leitdifferenz ist daher nicht „Gut/Böse“ wie bei der → Sollensethik, sondern „Güter/Übel“. Ihre Perspektive ist die der ersten Person: Worin besteht das Gute für mich? Ihr Normbegriff trägt nicht das Merkmal apodiktischer Gültigkeit, sie orientiert durch Klugheitsregeln, An- und Abraten, Empfehlen oder Warnen. Eine klassische Ausprägung von weitreichendem Einfluß hat die Strebensethik bei Aristoteles gefunden (→ Kommunitarismus, → Teleologie).

Szientismus
Verabsolutierung des (natur-)wissenschaftlichen (lat. „scientia“: „Wissen, Wissenschaft“) Erkenntnisideals, das auf Neutralität, Objektivität und methodische Nachprüfbarkeit gerichtet ist.

teleologisch
Der (von griech. „telos“: „Ziel“ abgeleitete) Begriff wird in doppelter Bedeutung gebraucht: (1) Er steht für eine Wirklichkeitsauffassung, derzufolge im Seienden selbst Zwecke und Ziele erkennbar vorgegeben sind, durch die menschliches Handeln inhaltliche Bestimmtheit gewinnt. So bezieht sich der aristotelische Begriff der „Entelechie“ (wörtl.: „was seine Zielbestimmung in sich selbst trägt“) auf die Verwirklichung der in einem Seienden liegenden Möglichkeiten. (2) Als teleologisch gilt ein ethisches Normbegründungsverfahren, bei dem Handlungen im Blick auf die involvierten Güter, intendierten Ziele und absehbaren Folgen (daher auch: „Konsequentialismus“) beurteilt werden unter Berücksichtigung eines (selbst nicht mehr teleologisch begründeten) Kriteriums. Der Gegenbegriff ist → deontologisch.

Theonomie
Wird oft als kritischer Gegenbegriff zu „Autonomie“ (griech.: „Selbstgesetzgebung“) verstanden und bezeichnet dann eine Spielart der „Heteronomie“ (griech.: „Fremdgesetzgebung“), bei der Gott („theos“) das Gesetz („nomos“) vorgibt. Wird Gott dagegen → transzendentaltheologisch als Horizont gedacht, der Freiheit und Verantwortung ermöglicht, dann tritt an die Stelle einer Entgegensetzung die positive Zielvorstellung „theonome Autonomie“.

Thomismus
Sammelbezeichnung für die Position der Schulanhänger und Kommentatoren der Werke des Thomas von Aquin. Darunter bildet der „Neuthomismus“ (auch „Neuscholastik“) eine eigene Schule, die Thomas im 19. Jahrhundert betont antimodernistisch auslegt und auf diesem Fundament ein System gegen den ‚Subjektivismus‘ und ‚Relativismus‘ der neuzeitlichen Erkenntnistheorie und Vernunftautonomie errichten will. Zur Bezeichnung der authentischen Lehre des Thomas in

Abhebung von späteren Interpretationen wird meist das Adjektiv „thomanisch" (seltener „thomasisch") verwendet.

transzendentaltheologisch
Die von Kant ausgehende Transzendentalphilosophie fragt nicht nach den Gegenständen selbst, sondern nach den Bedingungen der Möglichkeit unserer Erfahrung von Gegenständen. Entsprechend fragt Transzendentaltheologie nach der Offenheit des Menschen für eine mögliche Begegnung mit dem göttlichen Sein. Ihr bedeutendster Vertreter im 20. Jahrhundert ist Karl Rahner: Der Mensch kann „Hörer des Wortes" sein, weil er durch ein „übernatürliches Existential" gnadenhaft bereits auf das hingeordnet ist, was die Bedingungen der reinen Natur übersteigt.

Tugendethik
Seit Platon und Aristoteles ist „Tugend" (griech.: „areté": „Tüchtigkeit, Trefflichkeit, Vollkommenheit") ein Grundbegriff der Ethik. Er bezeichnet eine durch Übung erworbene Lebenshaltung, die auf das Gute und die Vervollkommnung der Persönlichkeit zielt. Die griechische Antike unterschied vier Aspekte einer solchen Haltung, die sog. „Kardinaltugenden" („Haupttugenden"): Weisheit, Tapferkeit, Besonnenheit und Gerechtigkeit. Unter christlichem Einfluß wird der Katalog um die drei ‚theologischen' oder von der Gnade ‚eingegossenen' übernatürlichen Tugenden Glaube, Hoffnung und Liebe erweitert. Tugendethik, verwandt mit → Strebensethik, stellt die Frage nach der Ausbildung der Fähigkeiten und Kräfte, das Gute zu verfolgen, und nach der persönlichen Vollkommenheit. Gegenbegriffe sind → Sollensethik und → Pflichtethik.

Universalisierbarkeit
→ Kommunikabilität

LITERATURHINWEISE

a) Evangelische Ethik: Grundlagen

Johannes Fischer, Leben aus dem Geist, Zürich 1994

Johannes Fischer, Theologische Ethik (Forum Systematik 11), Stuttgart-Berlin-Köln 2002

Johannes Fischer, Über moralische und andere Gründe. Protestantische Einwürfe zu einer philosophischen Debatte. ZThK 95, 1998, 118-157

Stanley Hauerwas, Selig sind die Friedfertigen (Evangelium und Ethik 4), Neukirchen-Vluyn 1995

Ulrich H. J. Körtner, Evangelische Sozialethik (UTB 2107), Göttingen 1999

Martin Honecker, Einführung in die Theologische Ethik, Berlin-New-York 1995

Wolfgang Huber, Folgen christlicher Freiheit. Ethik und Theorie der Kirche im Horizont der Barmer Theologischen Erklärung, Neukirchen-Vluyn 1983

Reinhard Hütter, Evangelische Ethik als kirchliches Zeugnis (Evangelium und Ethik 1), Neukirchen-Vluyn 1993

Hartmut Kreß/Wolfgang Erich Müller, Verantwortungsethik heute, Stuttgart-Berlin-Köln 1997

Dietz Lange, Ethik in evangelischer Perspektive, Göttingen 1992

Wolfgang Schoberth/ Ingrid. Schoberth (Hg.), Kirche – Ethik – Öffentlichkeit, Münster 2002

Konrad Stock, Grundlegung der protestantischen Tugendlehre, Gütersloh 1995

Heinz Eduard Tödt, Zum Verhältnis von Dogmatik und theologischer Ethik. ZEE 26, 1982, 29-39

Christofer Frey, Die Ethik des Protestantismus von der Reformation bis zur Gegenwart (GTB 1424), Gütersloh 1989

Wolfgang Erich Müller, Evangelische Ethik, Darmstadt, 2001

b) Katholische Moraltheologie: Grundlagen

Alfons Auer, Autonome Moral und christlicher Glaube, Düsseldorf 1971

Franz Böckle, Fundamentalmoral, München (1977) 1978[2]

Bernhard Häring, Frei in Christus. Moraltheologie für die Praxis des christlichen Lebens, Freiburg-Basel-Wien, 3 Bde. 1979/1980/1981

Klaus Demmer, Sittlich handeln aus Verstehen. Strukturen hermeneutisch orientierter Fundamentalmoral, Düsseldorf 1980

Klaus Demmer, Moraltheologische Methodenlehre, Freiburg i. Ue./Freiburg-Wien 1989

Wilhelm Ernst (Hg.), Grundlagen und Probleme der heutigen Moraltheologie, Würzburg 1989

Franz Furger, Einführung in die Moraltheologie, Darmstadt 1988

Adrian Holderegger (Hg.), Fundamente der theologischen Ethik, Freiburg i. Ue/Freiburg i. Br. 1996

Christof Mandry, Ethische Identität und christlicher Glaube, Mainz 2002

Dietmar Mieth, Dichtung, Glaube und Moral, Mainz 1976

Dietmar Mieth, Moral und Erfahrung. Beiträge zu einer theologisch-ethischen Hermeneutik (Stud. z. theol. Ethik 3), Freiburg, 1977[3]

Dietmar Mieth, Was wollen wir können?, Freiburg-Basel-Wien 2002

Johannes Paul II., Enzyklika „Veritatis splendor“ über einige grundlegende Fragen der kirchlichen Morallehre, 1993 (VApS 111)

Birgit Schneider, „Wer Gott dient, wird nicht krumm“. Feministische Ethik im Dialog mit Karl Wojtyla und Dietmar Mieth, Mainz 1997

Josef Schuster, Ethos und kirchliches Lehramt (FTS 31), Frankfurt 1984

Robert Spaemann, Wovon handelt die Moraltheologie? Bemerkungen eines Philosophen, IKZ Communio 6, 1977, 289-311

c) Ethik im evangelisch-katholischen Dialog

Anselm Hertz/ Wilhelm Korff/ Trutz Rendtorff/ Hermann Ringeling (Hg.) Handbuch der christlichen Ethik, Freiburg-Basel-Wien, 3 Bde. 1978/1982. Aktualisierte Neuausg. 1993

Oswald Bayer/ Heinrich Döring/ Antonellus Elsässer/ Johannes Gründel/ Martin Honecker/ Manfred Jacobs/ Otto Hermann Pesch/ Hans-Georg Reuter/ Gregor Siefer, Zwei Kirchen – eine Moral?, Regensburg 1986

Martin Honecker, Paradigmenwechsel in der katholischen Moraltheologie, ThR 56, 1991, 437-445

Schwerpunktthema: Grundlagen der Ethik im katholisch-evangelischen Gespräch. ZEE 37, 1993, 10-81 (mit Beiträgen von *Klaus Demmer/ Christian Frey/ Dietmar Mieth/ Hans G. Ulrich/ Volker Eid/ Wolfgang Huber*)

Hartmut Kreß, Der Begriff der Person als Ausgangspunkt und Leitbegriff ökumenischer Ethik, in: *Marianne Heimbach-Steins/ Andreas Lienkamp/ Joachim Wiemeyer* (Hg.), Brennpunkt Sozialethik, Freiburg-Basel-Wien 1995, 87-101

Reinhard Hütter/Theodor Dieter (ed.), Ecumenical Ventures in Ethics: Protestants Engage Pope John Paul II's Moral Encyclicals, Grand Rapids-Cambridge 1998.

Hartmut Kreß, Gemeinsame Erklärungen der katholischen und evangelischen Kirche zur Ethik, ZEE 45, 2001, 121-134

d) Sozialethik

Artur Rich, Wirtschaftsethik, Gütersloh, Bd. 1: (1984) 1991[4], Bd. 2: 1990

Johannes Paul II., Enzyklika „Centesimus annus" zum hundertsten Jahrestag von „Rerum novarum", 1991 (VApS 101)

Franz Furger, Christliche Sozialethik (Studienbücher Theologie 20), Stuttgart-Berlin-Köln 1991

Eilert Herms, Gesellschaft gestalten, Tübingen 1991

Martin Honecker, Grundriß der Sozialethik, Berlin-New York 1995

Für eine Zukunft in Solidarität und Gerechtigkeit. Eingeleitet und kommentiert von *Marianne Heimbach-Steins/Andres Lienkamp* (Hg.) unter Mitarbeit von *Gerhard Kruip* und *Stefan Lunte*, München 1997

Ulrich H. J. Körtner, Evangelische Sozialethik. Grundlagen und Themenfelder (UTB 2107), Göttingen 1999

e) Naturrecht

Bernhard Fraling, Grundwerte im ökumenischen Dialog, Cath. 34, 1980, 260-278

Martin Honecker, Was sind Grundwerte wert? EvKomm 13, 1980, 574-577

Klaus Tanner, Der lange Schatten des Naturrechts. Eine fundamentalethische Untersuchung, Stuttgart-Berlin-Köln 1993

Eberhard Schockenhoff, Naturrecht und Menschenwürde. Universale Ethik in einer geschichtlichen Welt, Mainz 1996

Franz-Josef Bormann, Natur als Horizont sittlicher Praxis (Münch. phil. Studien N. F. 14), Stuttgart-Berlin-Köln 1999

f) Lebensschutz, Biomedizin

Gott ist ein Freund des Lebens. Gemeinsame Erklärung des Rates der EKD und der Deutschen Bischofskonferenz in Verbindung mit den übrigen Mitglieds- und Gastkirchen der AcK in der Bundesrepublik und Berlin (West), Gütersloh/Trier 1989

Johannes Paul II., Enzyklika „Evangelium vitae" über den Wert und die Unantastbarkeit des menschlichen Lebens, 1995 (VApS 120)

Sabine Demel, Abtreibung zwischen Straffreiheit und Exkommunikation, Stuttgart-Berlin-Köln 1995

Reiner Anselm, Die Würde des gerechtfertigten Menschen. Zur Hermeneutik des Menschenwürdearguments aus der Perspektive der evangelischen Ethik. ZEE 43, 1999, 123-136

Hartmut Kreß, Personwürde am Lebensbeginn. ZEE 43, 1999, 36-53
Christoph Götz, Medizinische Ethik und katholische Kirche (Studien z. Moralth. 15), Münster-Hamburg-London 2000
Hartmut Kreß, Embryonenschutz und Bioethik in der Kontroverse. MdKI 52, 2001, 63-69
Johannes Fischer, Vom Etwas zum Jemand. Warum Embryonenforschung mit dem christlichen Menschenbild vereinbar ist. Zeitzeichen 1/2002, 11-13
Ulrich H. J. Körtner, Embryonenschutz und medizinischer Fortschritt. ZEE 46, 2002, 6-19
Reiner Anselm/ Ulrich H. J. Körtner (Hg.), Streitfall Biomedizin. Urteilsfindung in christlicher Verantwortung, Göttingen 2003

g) Organspende, Hirntod, Euthanasie

Klaus Peter Jörns, Organtransplantation: eine Anfrage an unser Verständnis von Sterben, Tod und Auferstehung. Berliner Theol. Ztschr. 9, 1992, 1-39
Hartmut Kreß, Leben spenden. Der Hirntod legitimiert Organentnahmen. EvKomm 30, 1997, 289-291
Bischof *Karl Lehmann*, „Reales Zeichen des Todes". Klerusblatt 77, 1997, 7

h) Konziliarer Prozeß für Frieden, Gerechtigkeit und Bewahrung der Schöpfung

Wolfgang Lienemann, Gerechtigkeit (ÖStH 3), Göttingen 1995
Wolfgang Lienemann, Frieden (ÖStH 10), Göttingen 2000
Heinrich Bedford-Strohm, Schöpfung (ÖStH 12), Göttingen, 2001

PERSONEN UND DOKUMENTE